京成電鉄、
新京成電鉄、北総鉄道
昭和～平成の記録

解説 山内ひろき

◎京成津田沼　1988（昭和63）年3月　撮影：矢崎康雄

.....Contents

はじめに ……………………………… 4

1章 カラーフィルムで記録された
京成電鉄、
新京成電鉄、北総鉄道

京成電鉄 本線 ……………………… 6
芝山鉄道線 ………………………… 43
京成電鉄 押上線 …………………… 44
京成電鉄 金町線 …………………… 52
京成電鉄 千葉線 …………………… 54
京成電鉄 千原線 …………………… 59
京成電鉄 東成田線 ………………… 60
新京成電鉄線 ……………………… 61
北総鉄道線 ………………………… 75
千葉ニュータウン鉄道線 ………… 85

2章 モノクロフィルムで記録された
京成電鉄、
新京成電鉄、北総鉄道

京成電鉄 本線 ……………………… 98
京成電鉄 押上線 …………………… 122
京急電鉄線に乗り入れ …………… 126
京成電鉄 金町線 …………………… 127
京成電鉄 千葉線 …………………… 128
新京成電鉄線 ……………………… 138
北総鉄道線 ………………………… 150

1982年の８両化の際に電動車が多くなることから200形のモハ203号車と500形のモハ505号車は付随車化され、サハ2301とサハ2302へと改造された。８両編成となった200形は新京成の旧型車全廃となる1991年６月まで活躍した。
◎千葉ニュータウン中央〜小室　1984（昭和59）年５月　撮影：安田就視

はじめに

　成田山参拝客輸送を目的に設立された京成電気軌道は終戦間際に京成電鉄へ社名を変え、戦後は成田山参拝輸送をメインとしていたが、1972年のAE形の登場、1979年の成田空港開港からは空港輸送の面が強くなり、2010年の成田スカイアクセス線の開通により都心から成田空港まで在来線最速の最高速度160km/h、最速36分で結ぶなど進化を遂げた。本書では変化に富んだ京成電鉄や新京成電鉄、北総開発鉄道の戦後から平成初期までの車両をできる限り網羅したつもりです。京成電鉄の魅力に触れていただけたら、幸いです。

2023年4月　山内ひろき

1970年の夏から京成成田〜逗子海岸で運転された特急「逗子号」は京成沿線から葉山などの海水浴場へ向かう列車として運転された。6本が運転され、京成車と京浜急行車が半々で運用された。また逗子海岸に到着した京成車はそのまま京浜急行線内の特急運用で品川まで数往復したのち夕方の特急「パシフィック号」で京成成田に戻る運用となっていた。◎八千代台　1970（昭和45）年8月9日　撮影：宇野 昭

1章

カラーフィルムで記録された
京成電鉄、
新京成電鉄、北総鉄道

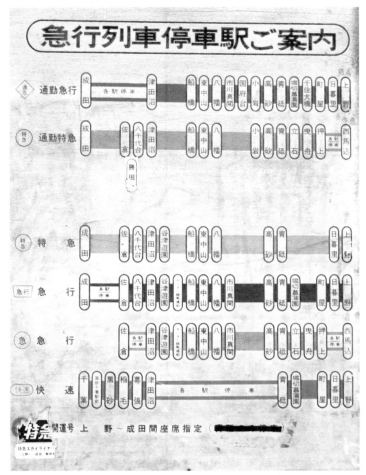

1974年の停車駅案内。現在とは停車駅が異なっている他、廃止された種別もあり、興味深い。
◎押上　1974（昭和49）年　撮影：矢崎康雄

京成電鉄 本線

上野隧道内にある博物館動物園駅は上野公園内に設置された地下駅で、日暮里〜上野公園（京成上野）開業時に動物園前駅として開設された。ホームは相対式2面2線で、駅舎は国会議事堂のような石造りとなっている。しかし利用客の減少やホームが短いことから1997年に休止し、2004年に廃止となった。駅施設は現存しており、車内からも見ることができる。
◎博物館動物園
1984（昭和59）年5月1日
撮影：安田就視

上野隧道を出た京成本線は日暮里駅で国鉄線と並んでホームが設置されているため、5複線となっている国鉄線を半径160mのカーブで一気に越えていく。また上野隧道内にも半径120mや半径160mの急曲線が連続する、またトンネルを出てから跨線橋までは40‰の上り勾配があり、これは京成で一番キツい勾配である。
◎博物館動物園〜日暮里
1979（昭和54）年6月13日
撮影：安田就視

東北本線を日暮里から上野方へ向かうと御隠殿坂跨線橋と呼ばれる跨線橋があり、山手線や東北本線、常磐線といった車両や跨線橋とほぼ同じ高さで真横を通過する京成本線の車両を見ることができる。今も昔も列車を眺める人達のメッカとなっている。
◎博物館動物園〜日暮里
1979（昭和54）年6月13日
撮影：安田就視

1968年から1972年にかけて54両が製造された3300形は基本的には3200形と同じであるが、1969年に登場した2次車からは前面と側面に電動の方向幕が導入された。特に側面電動方向幕は京王帝都電鉄5000系に続く2形式目の採用だった。また3000系列最後の形式であり、赤電塗装で登場した形式としても最後となった。写真はラストナンバー車。
◎日暮里～博物館動物園　1979（昭和54）年7月23日　撮影：安田就視

1931年に上野線日暮里～青砥の開業に伴い開設された日暮里駅は京成悲願の都心部での国鉄線接続駅であった。駅ホームの番線は京成・国鉄通しで振られており、1970年代には京成が1・2番線で国鉄が3～12番線であった。またこの上野線は筑波高速度電気鉄道より建設途中に懇願され、京成が会社ごと買収して開業させた区間となっている。
◎日暮里～博物館動物園　1979（昭和54）年6月13日　撮影：安田就視

10年ぶりの通勤形新形式として登場した3600形は1982年から1989年に6両編成9本が製造された。軽量オールステンレス車体で、基本的には3500形に近い形ではあるが、側窓は1段下降式に前面形状が異なるなど、違いはある。
◎堀切菖蒲園～京成関屋　1991（平成3）年8月　撮影：安田就視

1990年に登場したAE形の後継となるニュースカイライナーAE100形は成田空港ターミナル地下駅への直接乗り入れと輸送力増強、イメージアップやサービスレベル向上を目的に1993年までに8両編成7本が登場した。制御装置は3200形3294編成で行われたVVVFインバータ試験を基に京成特急車として初のVVVFインバータ制御車として登場した。
◎堀切菖蒲園～京成関屋
1991（平成3）年8月
撮影：安田就視

1979年以降に製造された3500形の3584編成のモハ3584号車とモハ3583号車、3588編成、3596編成の10両はセミステンレス構造ではなく、オールステンレス構造で製造され、京成初のオールステンレス車となった。3500形では1996年から更新工事が行われるが、14本が更新されたのみで、このオールステンレス車は更新工事をされなかった。
◎堀切菖蒲園～京成関屋　2010（平成22）年3月7日

都営浅草線との直通がはじまり本数が限界を迎えていた青砥〜京成高砂は連続立体化と青砥〜京成高砂複々線化が行われることとなり、1972年に着工された。この工事で青砥駅は仮駅化され、京成高砂方に移動。ホームは方向別から路線別に変えられ、両線を振り分ける分岐器は京成高砂方に移設された。工事は1985年に完成し、ホームが上下2層構造になっている重層高架化された。◎青砥　1974（昭和49）年12月　撮影：矢崎康雄

1928年に開業した青砥駅は京成上野～青砥の上野線開業により分岐駅となった。ホームは方向別の2面4線となっており、押上方には押上線と上野線を振り分ける平面交差が存在していた。そのため上野線上り列車が発車する際に押上線上下線を支障するなどし、本数が増えるとますますボトルネックとなっていた。写真は仮駅時代。
◎青砥
1974(昭和49)年12月
撮影：矢崎康雄

2100形は1962年から1964年にかけて全金属車への車体更新工事が行われ、9両が210形更新車と併結して4両編成で運用された。1970年から1971年にかけての特別修繕工事で、前面ホロの撤去や前照灯が前面上部の左右2灯となり、3100形に似たスタイルとなった。また台車がFS-28に履き替えられている。◎青砥　1974(昭和49)年12月　撮影：矢崎康雄

3500形の前面形状は切妻構造で縁取りされた形となり前照灯と後部標識灯は縦に並ぶように配置されていた。足回りには同時期に登場したAE形と同じくＳ形ミンデン台車を履いたが、制御装置は界磁チョッパ制御も検討されたが3000形に引き続き抵抗制御であった。◎青砥　1974（昭和49）年12月　撮影：矢崎康雄

1963年に44両が製造された3150形は一見3100形と同じであるが、それまで２両固定編成だったものが４両固定編成となり、3000系列ではじめて中間車が登場した。またこれまでのモニター屋根とは異なり角形のベンチレーターが載る普通の屋根となった。◎青砥　1974（昭和49）年12月　撮影：矢崎康雄

1934年に500形の増備車として製造された510形は貫通路に桟板がつき、空気圧縮機が装備された程度の違いしかなかった。1944年から1951年にかけて全車電装化改造され、モハ510形となった。1968年6月から1969年3月にかけて全金属車への車体更新工事を受けた他、1959年に改軌の際にはFS-28台車に履き替えられた。1978年にモハ510、518、519号車の3両が新京成に譲渡された。また京成に残った車両は1980年まで京成最後の営業用吊り掛け駆動車として活躍した。
◎青砥　1974（昭和49）年12月　撮影：矢崎康雄

都営浅草線開業の1960年に登場した東京都交通局5000形。2両編成でデビューし、後に4両編成が登場。浅草線全通時には6両編成となり、1991年からは一部編成が8両編成となった。車体外板色は京成の赤電塗色によく似たクリームとオレンジのツートンで、塗り分け部分にはステンレスの飾り帯が貼り付けられていた。
◎青砥　1974（昭和49）年12月　撮影：矢崎康雄

青砥〜京成高砂の複々線化では中川橋梁の架け替えも行われた。まず旧橋梁の上流側に新橋梁を建設し、新橋梁へ線路移設後に旧橋梁を撤去し、残りの複線分の橋が架けられた。新橋梁は1985年に完成し、複々線化された。この工事の際に新橋梁の橋脚は半分ずつ作られたため、先に建設された部分と後に作られた部分に継ぎ目や汚れの違いが見られる。
◎京成高砂〜青砥
1984（昭和59）年4月13日
撮影：安田就視

京成本線の中川橋梁は青砥〜京成高砂間に架橋されており、単線で開業したが橋脚は複線用のものが用意されていた。その後、1913年7月21日に複線化されている。橋桁は単線上路鋼板桁9連で全長は約200m程だった。
◎青砥〜京成高砂
1965（昭和40）年6月
撮影：長谷川 明

200形は1965年から車体更新工事が行われ、2100形によく似た片運転台の全金属車体となり、この工事によってドアは非対称ではなくなった。改造後は1970年代半ばまで京成線内で活躍し、1976年～1978年にかけてモハ209号車を除く9両を新京成に譲渡した。◎京成高砂～青砥　1973（昭和48）年10月　撮影：長谷川 明

AE車は成田空港への空港連絡特急「スカイライナー」専用車として1972年に6両編成5本が製造され、その後1978年までにさらに2本が増備された。形式のAEは「Airport Express」から取られ、京成上野〜成田空港を60分で結んだ。1974年に第17回ブルーリボン賞を受賞している。
◎京成高砂〜青砥
1984（昭和59）年4月13日
撮影：安田就視

1980年代の京成を象徴するファイヤー
オレンジ1色にモーンアイボリー帯を巻
いた塗装は経営が苦しくなった京成電鉄
がコスト削減のために塗装工程の簡略化
と塗装統一を図ったもので、1980年から
1982年にかけて順次塗り替えられた。
◎京成高砂〜青砥
1984（昭和59）年4月13日
撮影：安田就視

利用が低迷していたスカイライナーはバブル景気で海外旅行ブームとなり、次第に混雑するようになってきた。そのため6両編成7本を8両編成5本へ改造を含む編成組み替えが行われた。この際に不足する2編成分は後継となるAE100形で賄った。しかしその後、AE100形がさらに増備されAE形は1993年6月に引退し、AE形の制御装置や台車などの走行機器を流用して3400形がつくられた。写真は6両編成時代のもの。◎京成津田沼〜谷津　1988（昭和63）年8月　撮影：矢崎康雄

京浜急行車が京成線内に乗り入れたのは1969年12月31日に年を跨ぐ形で運転された三浦海岸〜京成成田の臨時特急「招運号」が最初であった。その後、1973年12月26日から京成高砂までの定期運用が設定された。また1981年からは京成高砂〜三崎口運用が基本系統として運用されるようになった。
◎京成高砂　1984（昭和59）年4月13日　撮影：安田就視

1984年からは3300形で冷房化改造が行われた。他の形式は更新工事時に行っていたが、3300形では冷房工事のみが先に行われ1987年までに全車施行された。また1989年から1992年にかけて更新工事が行われている。この更新工事までに1次車では前面種別幕設置工事などが施行され、外見が目まぐるしく変化した。新3000形の増備に伴って廃車が進行し、2015年までに全廃となった。写真はアクティブシルバー地の新塗装化最中で、ユニットごとに塗り替えたため、このような混色編成もみられた。
◎江戸川　1994（平成6）年5月30日　撮影：荻原二郎

車体長はこれまでは長くても18m車だったが、AE100形では先頭車が19.5m、中間車が19mとなり当時京成でもっとも車体が長い車両となった。また将来的な都営線や京浜急行線への乗り入れ可能な車両構造と性能をもたせたが、車体長の関係などから営業運転で浅草線を走ることはなかった。◎国府台〜江戸川　1994（平成6）年5月30日　撮影：荻原二郎

1980年6月4日に架け替えられた江戸川橋梁は全長433.2mの複線平行弦ワーレントラス5連で、旧橋梁の下流側に架橋され、2.2mレール面が嵩上げされている。また付け替えにより橋の両端にある江戸川駅と国府台駅もそれぞれ海側に駅が移転している。◎国府台　1992（平成4）年12月23日　撮影：荻原二郎

3050形はモーンアイボリーとファイヤーオレンジのツートンで、塗り分け部分にステンレス縁取りをしたミスティラベンダー帯をあしらった赤電塗装で登場。この赤電塗装最初の形式は3000形ではなく、3050形であった。また台車はサックスブルーで塗られている。乗降ドアは3000形から引き続き片開き3扉だが、前照灯はシールドビームで登場しているため3000形と比べてライト周りは小さくなっているなど変化もある。◎京成八幡〜鬼越　1961（昭和36）年1月　撮影：長谷川 明

1980年2月よりはじまったファイヤーオレンジ１色にモーンアイボリー帯の塗装は塗装簡略化の一環だったが、1990年代にイメージアップを図るために４編成へ４パターンの試験塗装が行われた。その結果、アクティブシルバーを地色にヒューマンレッドとフューチャーブルー帯の塗色に決まり、3000系列への配色を決めるために3212編成の窓周りをブラックフェイスにする試験塗装が再度行われた。その結果、ブラックフェイスがないタイプが新塗装として決まり順次塗り替えられていった。◎東中山　1993（平成５）年２月20日　撮影：長谷川 明

冷房化され、塗装もアクティブシルバーをベースにした新塗装に変わった3200形は京成各線の運用の他に1991年から1995年まで京成車による京浜急行線三崎口までの運用があった。これには3000系列や3400、3700形などが充当されたが、3200形も運用に入るため編成両端の台車が付随台車となっている６Ｍ車では京浜急行線へ乗り入れられないため電動台車への振替工事が行われた。長らく活躍した3200形であったが、新3000形の増備に伴い2007年11月までに全車廃車となった。◎京成船橋〜海神　1991（平成３）年１月　撮影：安田就視

無塗装のステンレス外板にファイヤーオレンジ帯を施していた3500形だったが、1993年８月以降側面窓上の帯がブルーに変更され、後に窓下や前面の帯下にもブルー帯が追加された新塗装になった。更新されなかった3500形10本は2003年より廃車がはじまり、2017年２月をもって引退した。京成最後の方向板を使う車両だった。
◎京成船橋　1999（平成11）年11月　撮影：矢崎康雄

京成船橋駅から近接する船橋駅へ乗り換える人が多いため、京成の最混雑区間は船橋付近となっており、かつては京成電鉄で一番乗降のある駅であった。しかし駅施設は相対式２面２線で跨線橋や地下道がなかった。このため朝方ラッシュなどでは上り列車を降り、船橋駅へ乗り換える人々が開かずの踏切で知られる船橋１号踏切で待たなければならない事態が起こっていた。また線路が市街地の南北を分断していることもあり海神〜船橋競馬場のうち2.47kmが高架化される連続立体化事業が行われ、京成船橋駅と大神宮下駅が2006年11月までに高架化され、踏切16箇所が廃止された。
◎京成船橋
1999（平成11）年11月
撮影：矢崎康雄

AE100形の前頭部はロングノーズの流線型で前照灯は左右各2灯の4灯となり、点灯時にライトのカバーが開くものとなった。外板塗色は空と飛行機を連想させる「鳥の翼」をアレンジした京成アイボリー地に京成レッドと京成ブルーの帯をあしらったものだった。◎京成船橋　1999（平成11）年11月　撮影：矢崎康雄

3200形では1985年から19
89年まで更新工事がおこな
われた。この工事では前照
灯や標識灯位置の変更など
は3150形とほぼ同じであ
るが、種別表示が幕式とな
り貫通扉に埋め込まれた点
が大きく異なる。また同時
に冷房化改造もなされた。
◎船橋競馬場
1989（平成元）年1月
撮影：矢崎康雄

谷津支線の谷津遊園地駅の
廃止に伴い谷津遊園の最寄
駅として、1936年に谷津
海岸駅から改称された谷津
遊園駅。かつては構内踏切
を中心に点対称とした相対
式2面2線駅であったが、
1966年に島式1面2線へ改
修された。1984年に谷津
遊園が閉園をすると駅名は
谷津駅へと変更されている。
◎谷津〜京成津田沼
1999（平成11）年2月
撮影：安田就視

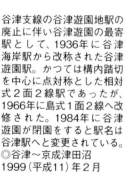

3050形は1976年から更新
工事が行われた後、一時中
断され1979〜1980年に残
りの編成の工事が行われた。
この工事では一部運転台が
撤去され、4両固定編成化
された他、前照灯が3000形
更新車同様に2灯式のシー
ルドビームとなった。また
1990年以降に一部編成を除
き冷房化され、1994年には
千葉急行に貸し出されたり
したが、1996年までに全車
廃車となった。
◎谷津〜京成津田沼
1988（昭和63）年8月
撮影：矢崎康雄

3600形の制御装置はAE形と同じく界磁チョッパ制御が採り入れられた。特急車と通勤車とで、仕様は異なるものの、京成の通勤車両としては初で、下枠交差式パンタグラフやワンハンドルマスコンの採用も同様であった。また先頭車が制御付随車のため京浜急行線には入線できないが、都営浅草線には1987年から営業運転をおこなった。
◎京成津田沼～谷津
1988（昭和63）年8月
撮影：矢崎康雄

3150形では1983年から1985年にかけて更新工事が行われた。この際に京成初の非冷房車への冷房化改造が実施され、以降数多くの非冷房車が冷房化されていった。また前照灯が前面上部から前面窓下の腰部へ移設され、前面貫通扉には内刺し式の板式種別表示板を掲示できる窓が開けられた。その後、1998年ごろから廃車がはじまり、2003年に全廃となった。
◎京成津田沼～谷津
1988（昭和63）年8月
撮影：矢崎康雄

東京都交通局5000形が京成本線への直通運用で、東中山以遠まで入線する際には主に急行で走った。その際、貫通扉に円形の急行マークを掲出して走行していた。浅草線開業時から長らく運用されてきた5000形であったが、5300形の登場により徐々に本数を減らし、1995年にさよなら運転を行い引退した。5000形は更新工事の際などにも冷房化はされず引退まで非冷房車であった。
◎京成津田沼～谷津
1988（昭和63）年8月
撮影：矢崎康雄

京成津田沼駅は1921年の京成船橋〜京成千葉の開業時に開設された。京成成田方面は後から建設され1926年に当駅は分岐駅となった。そのため京成千葉線が直進方向となっている。当初は路線別の3面4線であったが、1968年の改良工事で方向別の3面6線となった。また新京成線の乗り入れや津田沼車庫が設置され、乗務員交代なども行われる京成の拠点駅となっている。◎京成津田沼　1988（昭和63）年3月　撮影：矢崎康雄

1983年9月から塗装変更が行われたAE
形は、グローバルホワイト地にフュー
チャーブルーとヒューマンレッドのスト
ライプ帯の入ったものに順次変更され、
1984年までに全車塗り替えられた。ま
たこれと同時に上り列車でスカイライ
ナーの日暮里停車が開始された。
◎京成津田沼
1988（昭和63）年3月
撮影：矢崎康雄

1967年12月には老朽化した1600形の置
き換え用として3200形のセミクロシス
シート車が4両編成2本登場した。この
車両は戸袋窓のある片開き3扉となり、
トイレなどが設置されており、車番は通
常の3200形と識別するために90番台と
なっていた。特急「開運号」などで運転
された。
◎実籾～八千代台
1973（昭和48）年12月27日
撮影：長谷川 明

1956年の駅開業後、さらなる宅地開発で、利用客数がどんどん増えていった八千代台駅は2面4線の待避駅となり、1969年に橋上駅化された。現在、住宅が広がるこの辺りはかつて広大な陸軍習志野演習場で、現在も近くには習志野駐屯地がある。また西口の駅前には「住宅団地発祥の碑」が設置されている。
◎八千代台
1984（昭和59）年5月18日
撮影：安田就視

3600形の前面形状は三面折妻構造で、前照灯と後部標識灯が前面窓の下に横並びで配置された。また通過標識灯は前面窓の上に設置されている。この配置は3150形以降の3000系列での更新工事の際にも採り入れられており、写真でも似ているのがよくわかる。また将来の8両編成化を見据えて中間車の車番には欠番を作っていた。
◎八千代台
1984（昭和59）年5月20日
撮影：安田就視

セミクロスシート車で特急列車などで活躍した3150形3194編成はAE形の登場により1974年に車内がロングシートに変更された。また1980年代には他形式同様にファイヤーオレンジ１色にモーンアイボリー帯を巻いたものに塗り直されている。
◎京成臼井〜京成佐倉　1984 (昭和59) 年５月　撮影：安田就視

京成臼井〜京成佐倉の西印旛沼の辺りには「佐倉ふるさと広場」があり、ここには佐倉市がオランダと歴史的に交流があることから本格的なオランダ風車が設置されている。毎年4月には「佐倉チューリップフェスタ」が開かれ、約100種類67万本のチューリップが咲き乱れる。◎京成臼井〜京成佐倉　2005（平成17）年4月15日　撮影：安田就視

京成の座席指定車として４代目となったAE形は京成の初めて尽くしであった。まず制御装置が界磁チョッパ制御で、主制御器のワンハンドルマスコン(定速制御機能付き)、先頭車にはスカートが設置された。また客用扉は２枚折り戸で、車内には冷水機を設置、一部窓は防弾ガラスであるなど空港連絡特急として様々な要素が盛り込まれた。
◎京成佐倉～京成臼井　1978(昭和53)年10月22日　撮影：安田就視

1982年に津田沼検車区と津田沼第一工場、津田沼第二工場が移設される形で開設された宗吾参道車両基地の宗吾検車区と宗吾工場。また同じ敷地内には京成車両工業もある。かつては大榮車輌も津田沼から移り宗吾参道にあった。
◎宗吾参道車両基地　1973（昭和48）年9月2日　撮影：長谷川 明

まもなく京成酒々井に差し掛かる3500形の特急成田空港行き。写真右側にはさらに水田が続いており、かつて印旛沼があったが、印旛沼開発事業により水田になり、この付近には印旛沼水路があるのみとなった。また京成酒々井駅からJR成田線酒々井駅までは700mほどの距離で行き来できる。
◎大佐倉～京成酒々井
1984（昭和59）年5月
撮影：安田就視

宗吾参道～京成成田は丘陵を避けるように地形に沿って線路が敷かれ、曲線が多かったが、1986年から丘陵を切り開き大規模な宅地開発を行った。これにより谷地が埋められ平坦になった他、線路が直線的に移設され、1994年4月1日に公津の杜駅が開業した。この際に線路は堀割に敷かれ、旧線は埋められた後に整地され宅地となった。そのため旧線跡はほとんどわからない。◎公津の杜　2000（平成12）年6月2日　撮影：安田就視

1972年3月までに6両編成5本が揃っ
たAE形であったが、空港工事の遅れに
より成田空港が一向に開業しないため
1973年12月30日から一部編成を使用
し、特急「開運号」の車型変更として京
成上野〜京成成田で運転を開始した。ま
たようやく開港が見えてきた1978年5
月5日に宗吾参道車両基地に留置されて
いたAE-29号車が過激派により放火され
全焼し、編成を組む他の車両も半焼など
被害を受けた。また過激派からは鉄道施
設の破壊など攻撃は他にもあった。
◎宗吾参道車庫
1972（昭和47）年10月1日
撮影：安田就視

車体外板塗色はクリーム地に窓周りや裾部にマルーン帯を巻いたツートンカラーとなっているAE形。スピード感のある塗
り分けとなった。また特急「スカイライナー」は運行開始当初、京成上野〜成田空港ノンストップ運転となっており、成田
山輸送から空港輸送への大転換であった。なお1979年から京成成田にも一部停車するようになった。
◎京成成田　1984（昭和59）年9月20日　撮影：安田就視

AE形の車体は18mの普通鋼車で、1600形以来の非貫通車。前面形状は丸みを持たせたくの字形の流線型で、側面窓は1.6m
の大型のものとなっている。また曲線が多いため屋根や床面の高さを下げて低重心化を行っている。6両編成で登場したが、
将来的に10両化できるように中間車となる4〜7号車にあたる車番を欠番にしてある。
◎成田空港(現・東成田)〜京成成田　1984(昭和59)年5月20　撮影：安田就視

国による成田空港アクセスの見直しにより空港ターミナル直下に駅を設置することとなり、成田新幹線予定地とされていた
場所に第3セクターの成田高速鉄道によって敷設された。これを京成とJR東日本が乗り入れる形で1991年3月19日に成田
空港駅が開業した。京成としてはようやく本来乗り入れしたかったルートが実現した。これにより空港アクセスが抜群によ
くなったが、それと同時に「スカイライナー」には「成田エクスプレス」という強力なライバルが誕生することとなった。
◎成田空港　2000(平成12)年6月2日　撮影：安田就視

1980年から1982年には3000形の更新工事が行われ、前照灯などのライトリムがステンレス化された他、前面窓の小型化などがなされている。また一部の編成は更新工事前にファイヤーオレンジ塗装に変更された。また冷房化工事は更新工事では行われなかった。◎成田空港（現・東成田）〜京成成田　1984（昭和59）年５月20日　撮影：安田就視

芝山鉄道線

成田空港の補償として建設された芝山鉄道は会社設立から20年近く経った2002年10月に東成田〜芝山千代田2.2kmが開業した。普通鉄道としては日本一短い営業距離を運行する鉄道会社として知られている。車両は全て京成のリース車を使っており、開業から2013年までは3600形の3618編成を使用していた。
◎菅野〜京成八幡　2003（平成15）年３月８日　撮影：長谷川 明

京成電鉄 押上線

都営地下鉄浅草線の開業直前の1960年11月30日に押上駅は地下化され、東武鉄道伊勢崎線業平橋駅貨物操車場の地下に建設された地下駅に移転した。この地下駅には地上から砂利を受け入れるためのホッパー線があり、写真左側へ分岐していく線路がそれだ。現在は廃止され、塞がれている。地下移転後の地上駅跡には京成電鉄本社があり、また押上駅は東武鉄道本社の最寄駅でもあったが、京成本社は2013年に京成八幡に移転した。◎押上　1974（昭和49）年12月　撮影：矢崎康雄

行楽シーズンに京成、東京都交、京浜急行の3社局は直通列車を運転することとし、1970年5月3日から京成成田〜三浦海岸で「城ヶ島マリンパーク号」、三浦海岸〜京成成田は「成田山号」がそれぞれ4本運転され、京成線内は特急、浅草線は各停、京浜急行線は快速特急で運転された。また京成の車両が京浜急行線を走る最初の列車で、あった。この直通特急運用は1983年1月まで様々な愛称をつけ運転された。写真は運行開始初日に京急本線を走る3200形快速特急「城ヶ島マリンパーク号」だ。◎京急本線　金沢八景　1970（昭和45）年5月3日　撮影：長谷川 明

京成曳舟駅を出て東武鉄道
亀戸線を越えると地下への押
上駅へと下っていく、ちょ
うど東武鉄道伊勢崎線と並
走しはじめる辺りに押上線
には1つだけ踏切がある。
この踏切と地下への入り口
の間の部分（東武だと伊2
号踏切とかつての伊3号踏
切の間）にはかつて京成請
地駅という東武鉄道伊勢崎
線の請地駅との乗り換え駅
が設置されていた。航空写
真を見る限りホームは並列
しており、両ホーム間には
跨線橋もあるにも関わらず
別の駅名であった。
◎押上～京成曳舟
1999（平成11）年1月
撮影：安田就視

1964年から1967年まで
に88両が製造された3200
形。前面形状は3150形に
似ているが、前面窓の大き
さが小さくなった他、京成
初の両開き扉となり、戸袋
窓はなくなっている。また
3224編成からは主電動機
の出力が上がったことから
編成の両端にくる台車は電
動台車から付随台車となっ
た。
◎京成曳舟
1979（昭和54）年7月
撮影：矢崎康雄

1972年から1982年にかけ
て4両編成24本96両が製
造された3500形は普通鋼
にステンレスの外板を貼り
付けるセミステンレス車体
の車両として登場した。京
成の通勤形として初の冷房
車で、冷房化が遅かった京
成では3600形が登場する
まで10年近くこの3500形
だけが通勤形の冷房車だっ
た時代が続いた。
◎京成曳舟
1979（昭和54）年12月
撮影：矢崎康雄

1958年から1978年まで製造された京浜急行電鉄1000形は1968年6月21日に都営浅草線大門〜泉岳寺と京急本線品川〜泉岳寺の開業で都営浅草線との直通運転を開始し、京成とは1970年ごろから相互直通運転がはじまった。
◎荒川（現・八広）〜四ツ木　1984（昭和59）年4月13日　撮影：安田就視

押上線荒川〜四ツ木にある荒川橋梁は全長449.5mの単線上路鋼鈑桁24連×2、そこに連なる綾瀬川橋梁は全長45.1mの単線上路鋼鈑桁3連×2で、1923年に架けられた。1912年の京成電気軌道開業時には荒川放水路はまだなく、この工事のために京成立石付近から向島駅付近まで線路切り替えが行われた。この際に奥戸街道での併用軌道は廃止された。
◎四ツ木〜荒川（現・八広）
1984（昭和59）年4月13日
撮影：安田就視

ステンレスの無塗装車体にファイヤーオレンジ帯で登場した3600形だったが、1991年から1995年にかけてブルー帯が追加変更された。また1997年には8両編成化が行われ、8両編成6本と6両編成1本に組み替えられている。芝山鉄道にリースされた車両などもあったが、現在は京成のみに在籍し、2017年から廃車が始まってきている。
◎八広～四ツ木　1999（平成11）年11月　撮影：矢崎康雄

この荒川橋梁は地下水汲み上げによる地盤沈下で橋桁の高さが低く、また橋脚も多いことから1986年に荒川の増水で運搬船の屋根が橋桁に衝突したり、1991年には増水でタンカーが橋脚に衝突し、線路が40mにわたり最大60cmほど曲がる事故などがあり、その度に押上線は運休した。そのため1992年より架け替え工事に着手した。
◎荒川（現・八広）〜四ツ木　1984（昭和59）年4月13日　撮影：安田就視

荒川・綾瀬川橋梁は1992年より架け替え工事に着手し、1997年12月に上り線、1999年9月に下り線が新橋梁へ切り替えられた。荒川橋梁は全長461.1mで複線平行弦ワーレントラス7連、綾瀬川橋梁は全長85.2mで複線下路PC桁2連へと替わり、下流側16mの位置に架けられ、旧橋梁より3.7mレール面が上げられた。
◎四ツ木　1994（平成6）年2月28日　撮影：荻原二郎

東京都交通局5000形は1981年からは車体更新工事が行われ、前照灯はシールドビームとなり車体外板色はクリーム地に窓下に赤帯の入ったものとなった。ステンレス帯が撤去され印象が大きく変わっている。1991年に未更新車が全車廃車になるまで、混結編成をみることができた。
◎四ツ木〜荒川（現・八広）
1984（昭和59）年4月13日
撮影：安田就視

荒川・綾瀬川橋梁の架け替え工事では立石〜曳舟の連続立体化も合わせて行われ、これにより盛り土の上にあった四ツ木駅と八広駅は南側に移転の上、高架化され四ツ木駅構内の構内踏切や八広1号踏切などが廃止されている。
◎四ツ木　1994（平成6）年2月26日　撮影：荻原二郎

京成電鉄
金町線

金町線は金町～柴又で営業を行っていた帝釈人車軌道が前身で、京成電鉄はこれを1912年に買収して営業をはじめている。またその半年後に押上～市川（仮）（現・江戸川付近）が開業した際に曲金（現・京成高砂）～柴又も開業し、金町、押上双方から帝釈天への参拝輸送を行なった。
◎柴又～京成高砂
1984（昭和59）年4月13日
撮影：安田就視

成田スカイアクセス線開業で高砂1号踏切の遮断時間が長くなるのを防ぐため金町線は高架化工事が行われ、2010年より京成高砂～柴又は複線から単線並列に変わり、当駅は交換駅へと変わった。また単線並列の片方は京成高砂駅の地上部分に繋がっており、臨時の直通列車の入出庫に使われる。写真は複線時代のもの。
◎柴又　2000（平成12）年5月19日　撮影：安田就視

帝釈天の最寄駅として栄えた柴又駅は「男はつらいよ」の舞台にもなり、駅前には主人公の車寅次郎像が建立されている。またかつては京成高砂～金町を乗り通す人が多くなかったため、たった3駅の路線であるものの柴又で双方折り返す運転が行われ、その当時は頭端式のホームも設けられていた。◎柴又　2000（平成12）年5月19日　撮影：安田就視

京成電鉄 千葉線

1988年に更新工事が施行された3200形3294編成はVVVFインバーター制御の試験車として登場した。これはAE100形導入へ向けての試験で、車体の特徴としては前照灯と後部標識灯のケースが角形一体型に変更になった点や両先頭車が電装解除され、制御付随車になった点、モハ3292号車がダブルパンタになった点であった。この編成は2004年の廃車までずっとVVVFインバータ車であった。◎京成津田沼～京成幕張本郷　1998（平成10）年9月　撮影：矢崎康雄

京成千葉線は京成津田沼～千葉中央の全線で総武本線・外房線と競合関係にあり、比較的近い位置に線路も敷設されている。特に京成津田沼～京成幕張は総武本線と完全に並走する形で敷かれておりそのため3複線のような状態で、京成とJRの並走や離合なども見ることができる。◎京成幕張本郷～京成津田沼　2004（平成16）年1月12日　撮影：矢崎康雄

相対式2面2線の検見川駅は1921年7月17日に開業した。1982年には6両編成対応するためホームが延伸されている。京成千葉線の総武本線と同名駅にはいずれも京成の2文字が入っているが、検見川だけは例外で、国鉄側に新の文字が入っている。◎検見川　1999（平成11）年2月　撮影：安田就視

下総台地は現在の国道14号線にあたる当時の海岸線まで広がり海食崖が形成されており、京成千葉線はその縁に近いあたりを走っているため海岸線が近かった。そのため昭和30年代半ばまでは沿線にはいくつもの砂浜があり、海水浴や潮干狩り客で賑わい保養所や別荘なども点在していた一大観光地であった。
◎京成稲毛～みどり台　1984（昭和59）年5月7日　撮影：安田就視

クハ2100＋モハ210＋モハ210＋クハ
2100の４両編成で使用されたクハ2100
形は、青電塗装から1980年に3000形と
同じくファイヤーオレンジ地にモーンア
イボリー帯の塗装へ変更され、京成本線、
金町線、京成千葉線の普通で1988年３月
まで運用された。1988年３月25日〜31
日には2102編成が青電塗装に戻され、さ
よなら運転がおこなわれ引退した。
◎京成稲毛
1988（昭和63）年３月
撮影：矢崎康雄

1921年に京成の千葉側のターミナル駅
として建設された千葉駅（後の京成千葉
駅）は当初、千葉中央公園付近に設置され
ていた。しかし戦後復興の際に現在の国
鉄本千葉駅跡に移設し、1967年に高架化
され現在の姿となった。1987年には国
鉄千葉駅前駅に京成千葉駅の名を譲り、
千葉中央駅へと改称された。
◎千葉中央
2000（平成12）年6月2日
撮影：安田就視

3000系列として遅くまで残った3300形は2009年に京成創立100周年のリバイバルカラーの一環として3356編成が青電塗装に、8月には3324編成が赤電塗装、9月には3312編成がファイヤーオレンジ塗装に塗り替えられ、いずれも2013年に引退した。3300形は北総鉄道にリースした7260形も含めて2015年まで活躍した。
◎みどり台　2013（平成25）年2月　撮影：矢崎康雄

1987年から1988年にかけて2次車に冷房化工事が行われた3100形。この際に種別や行先表示器の設置工事も行なっている。また1989年には1次車でも冷房化工事がなされ3100形全車に冷房が付いた。1993年にはアクティブシルバーを地色とした新塗装化もされたが、検査期限が近い車両は塗り替えられなかった。3100形は廃車が進行し、1996年には京成から引退し、1998年には千葉急行電鉄にリースした車両も廃車となった。
◎京成千葉　1988（昭和63）年3月29日　撮影：矢崎康雄

京成電鉄 千原線

千葉中央～ちはら台でかつて営業していた千葉急行電鉄は京成も出資する第三セクター鉄道で、沿線に建設したおゆみ野、ちはら台といったニュータウンへのアクセス路線として1992年に開業した。車両は1988年に京成が京浜急行からリースした1000形8両のうちモハ1029-1032号を1991年末からリースを受け、車体はブルーとなった。この編成は1995年に廃車となった。
◎千葉中央
1992（平成4）年4月28日
撮影：荻原二郎

千葉急行線は全線単線で建設されているが、施設や高架橋やトンネルなどの構造物は全て複線分が作られている。最初は千葉中央～大森台で開業し、1995年にちはら台まで延伸された。しかし旅客需要は伸び悩み1998年に全線京成電鉄に譲渡され、同社の千原線となった。
◎大森台
1992（平成4）年4月28日
撮影：荻原二郎

千原線の終始発駅となるちはら台駅は1995年に千葉急行の駅として開業した。島式1面2線の橋上駅で、構内にはホームなどの増築用地が確保されている。また当駅より先への延伸を見据えて一部線路用地も確保されていて、小湊鐵道の海士有木までの延伸計画がある。また京成では唯一市原市に位置する駅となっている。
◎ちはら台
2000（平成12）年6月2日
撮影：安田就視

京成電鉄 東成田線

1972年の成田空港開港予定に間に合わすため京成成田～成田空港は1970年から2年間で作られた。成田空港駅は2面4線で1・2番線がスカイライナー専用で3・4番線がそれ以外となっていた。空港ターミナルから駅は直線距離で500m、道路だと800mほど離れており、駅と空港は連絡バスで移動する必要があったため、当初はあまり客足は伸びなかった。また過激派対策で開港直後は航空機利用者のみが空港に入ることができ、見送り出迎え客は特別な事情がない限り入場できなかった。◎成田空港（現・東成田）　1978（昭和53）年10月22日　撮影：安田就視

1972年の成田空港開港予定に間に合わすため京成成田～成田空港は1970年から2年間で作られ、成田空港駅は2面4線で1・2番線がスカイライナー専用で3・4番線がそれ以外となっていた。駅は成田空港の第1期ターミナル（第1ターミナル）と後の開設が予定されていた第2期ターミナル（第2ターミナル）のほぼ中央に位置しており、開港時からある第1ターミナルと駅は直線距離で500m、道路だと800mほど離れていた。そのため駅と空港は連絡バスで移動する必要があったため、当初はあまり客足は伸びなかった。また過激派対策で開港直後は航空機利用者のみが空港に入ることができ、見送り出迎え客は特別な事情がない限り入場できなかった。◎東成田　2000（平成12）年6月2日　撮影：安田就視

新京成電鉄線

モハ39形と共に新京成線開業時に京成から譲り受けたモハ45形は45、47、48号車の3両が入線した。モハ45形は京成電鉄モハ45形で、1927年になぜか半鋼製車がデビューした後に登場した14mの木造電車。入線に際しては1372mmから1067mmに改軌されている。◎松戸〜上本郷　1955（昭和30）年7月10日　撮影：荻原二郎

陸軍鉄道第二連隊松戸演習線は常磐線松戸駅ではなく、上本郷駅付近から今の国道6号線のルートへ向かっていたため、上本郷〜松戸は新規に敷設された。この区間は起伏に富んでいたため切り通しを通すなどの工事が行われた。現在は宅地化でこの丘陵部は切り開かれ面影はない。◎松戸〜上本郷　1955（昭和30）年7月10日　撮影：荻原二郎

北総開発鉄道は北初富〜小室の開業時に北初富にて新京成電鉄と相互直通運転を行い、北総車は松戸、新京成車は小室まで乗り入れた。これは鉄道輸送手段が無かった千葉ニュータウンへ都心から鉄道アクセスするためで、松戸では常磐線に乗り換えてもらう前提で、あくまで暫定的な処置であった。新京成の列車無線はトンネルがないため空間波、北総は誘導無線で相互直通車両は両方の列車無線を装備した。◎松戸　1991（平成3）年5月26日　撮影：安田就視

8000形は新京成初の両開き扉や冷房装置が採用され、1978年から1985年までに6両編成9本54両が製造された。車体は800形と同じく普通鋼製で、塗装も新京成標準のキャンディピンク地にマルーンのツートンカラーとされた。写真は2001年からの復刻のもので、側面に新京成のキャラクター「しんちゃん」が描かれている。
◎八柱〜常盤平　2003（平成15）年5月　撮影：矢崎康雄

1991年までに8両編成12本96両が製造された8800形は新京成初の8両固定編成でもあった。前面は2枚の大型窓ガラスとその両脇に縦長の脇窓がある4枚構成で、窓下の腰部に前照灯と後部標識灯が一体型のケースに収まっている。また塗色は8000形と同じ配色であるが、前面の帯上にはVVVF車のシンボルとしてレッドのスコチカルテープが配されている。
◎八柱～常盤平　2003（平成15）年5月　撮影：矢崎康雄

1993年に登場した8900形は新京成初の軽量ステンレス車で、カラーリングも含めてこれまでの新京成車とはイメージが大きく変わった。また初のシングルアームパンタグラフを採用している。前面部分は普通鋼製で曲面と傾斜をもたせた流線型でミスティピンクで塗られ、窓下部分にはクリアブルー帯とチェリーピンク帯でSマークが描かれている。車体側面は無塗装で、クリアブルーの太帯とチェリーピンクの細帯が施されている。
◎八柱～常盤平　2003（平成15）年5月　撮影：矢崎康雄

クハ500形のうち3両は電装化改造され、モハ500形となり、1966年に車体更新工事を受け、1975年に京成から譲渡された。またモハ510形も同様に車体更新工事を京成時代に行い1978年に京成から譲渡され、新京成では改番して500形へ編入した。どの車両も京成時代に行われた改軌工事の際にウイングばね形台車に履き替えられ、全金属車への更新も済んでおり、700形並みの電車として6〜8両編成で活躍、北総線にも乗り入れていた。写真のモハ504号車は元モハ510号車である。
◎五香〜常盤平　1984（昭和59）年3月　撮影：安田就視

700形はモハ702＋サハ2201＋モハ701とモハ706＋サハ2111＋モハ703の6両が京成から譲渡された。これを繋いだ6両編成で運転され、8両化ができなかったため1985年6月28日に廃車となった。また新京成では前照灯が2灯化された以外はほどんど改造されていない。写真は新京成線内で北総開発鉄道7000形と離合する700形。このような離合は日常的に見られた。
◎五香〜常盤平
1984（昭和59）年3月
撮影：安田就視

800形の前面デザインは京成3200形と似たものとなり、車体側面は新京成1100形更新車をベースとした京成・新京成のミックススタイルとなった。また形式の800は京成、新京成でまだ使われてなく末広がりであることから付けられ、以後新京成の最初の数字は8となっている。◎常盤平　1984（昭和59）年3月　撮影：安田就視

1982年9月からは100形を含んだ6両編成7本は4+4の8両編成4本へ組み替えられ、その準備工事として1981年に側灯が2灯化された。また1983年からは北総開発鉄道への乗り入れもはじまったが、翌年の1984年には再び新京成線内運用に戻り1987年まで活躍した。◎北初富　1979（昭和54）年3月8日　撮影：宇野 昭

単線で開業した北初富駅は複線化されると相対式2面2線となった。この駅の転機となるのは1979年の北総開発鉄道北総線の開業で、これにより当駅は分岐駅となった。写真右奥に見える高架橋は北総線の高架線の末端で引き上げ線として本線高架橋を先行して完成されたもの。.後に手前側に延伸されて京成高砂へと繋がった。
◎北初富　1979（昭和54）年3月8日　撮影：宇野 昭

北総線新鎌ヶ谷駅開業後も他線には駅がなく、設置予定もなかったが新京成電鉄が折れて1992年7月に新京成線新鎌ヶ谷駅が開業。その後、鎌ヶ谷市の働きかけにより1999年にようやく東武野田線にも駅ができ、晴れて3路線の乗り換え駅となった。現在は駅周辺で開発が進んでいる。◎新鎌ヶ谷　2000（平成12）年5月19日　撮影：安田就視

2002年より鎌ヶ谷大仏～くぬぎ山の3.257kmで高架化工事が行われた。2004年には一部が仮線化され、2017年10月21日に下り線、2019年12月1日に上り線が高架化された。これにより初富、新鎌ヶ谷、北初富が高架駅となり踏切12箇所が撤去された。写真は仮線時代の新鎌ヶ谷駅で相対式2面2線だったものが仮線化で島式1面2線に変更されている。
◎新鎌ヶ谷　2006（平成18）年11月　撮影：矢崎康雄

1988年からはじまった800形8両編成化の前後で先頭車前面が再度改造され、前照灯や後部標識灯が前面窓下の腰部へ移動、前面方向幕が貫通路上に移動した。その結果、まるで京成3150形〜3300形の冷房改造車のような見た目になった。また中間に閉じ込められた先頭車では運転室を完全に撤去し、切妻化して完全に中間車化する工事が行われた。さらに1995年に8両編成2本と6両編成2本に組み替えられ、余剰となった8両は廃車となった。
◎鎌ヶ谷大仏
2000（平成12）年5月19日
撮影：安部就視

8800形は1986年に登場した新京成初のVVVFインバータ制御車で1月21日に新京成に入線した。VVVFインバータ制御は路面電車などで本格採用されていたが、1500V鉄道線用としては1984年の近畿日本鉄道1250系が最初で、関東地方ではこの8800形が最初となった。1986年2月26日の営業運転開始直後から各社が続々と採用し、現在の主流となっている。
◎新鎌ヶ谷
2000（平成12）年5月19日
撮影：安田就視

鎌ヶ谷大仏駅は1949年1月8日に滝不動〜鎌ヶ谷大仏の延伸開業時に開設され、鎌ヶ谷初富まで延伸される10ヶ月間ほどは終始発駅であった。当駅を含む隣の二和向台〜鎌ヶ谷初富手前までの区間は陸軍松戸演習線が当駅より南西方向に直線距離で約1.5kmほど大きく迂回しており、新京成線開業時にショートカットするため新たに用地を確保して敷設した区間だ。
◎鎌ヶ谷大仏
2000（平成12）年5月19日
撮影：安田就視

800形806編成は1991年の京成高砂～新鎌ヶ谷第二期開業後も新京成電鉄との相互直通運転が行われており、都心直通により北総側の車両が不足することから新京成電鉄より譲渡した。しかし1年ほどで相互直通運転は廃止され、806編成はまた新京成に戻り、2010年の800形の完全引退まで活躍した。
◎滝不動　2010（平成22）年7月　撮影：矢崎康雄

8000形の1・2次車は抵抗制御で菱形パンタグラフあったが、1981年に製造された3次車以降は回生ブレーキ付き界磁チョッパ制御で下枠交差式のパンタグラフに変更された。更に8510～8518編成の5本は北総線乗り入れ対応車としてIR列車無線を搭載していた。また車両搬入は北総開発鉄道西白井車両区で行われた。
◎滝不動～三咲　2006（平成18）年3月　撮影：矢崎康雄

　４代目新津田沼駅は当初、地平に駅舎があったが、1977年に駅ビルが完成し橋上駅舎となった。写真奥は京成津田沼方面で、一見複線のようにみえるが、奥の8800形がいる線路は留置線となっており、総武本線を跨ぐ前に線路は終わっている。また写真左側の大規模な空き地は京成電鉄津田沼第二工場跡地で、現在はイオンモール津田沼となっている他、写真左側の道路沿いにある白い建物付近が２代目津田沼駅（藤崎台駅）跡となっている。
◎新津田沼　1977（昭和52）年頃　撮影：矢崎康雄

初代と3代目新津田沼駅跡を俯瞰する。3代目駅のホームはちょうど8000形の走っている辺りにあり、線路はそのまま延び
る形で現在の4代目新津田沼駅へ延伸された。また初代と3代目とも駅舎は写真左下あたりに設けられていた他、旧駅の総
武本線側となる今の前原8号踏切は開業当初からあり、新津田沼駅からの線路はそのまま大榮車輌や京成第二工場へ延びて
いた。なお新京成線の0kmポストは4代目駅のホーム上にある。
◎前原～新津田沼　1977（昭和52）年頃　撮影：矢崎康雄

京成津田沼〜新津田沼の線路は総武本線を跨ぐ跨線橋を中心に大きくＳ字を描くように走っていて、半径120ｍと半径139ｍの急曲線で構成されている。この区間は新京成線唯一の単線区間となっており、ボトルネックとなっている。
◎京成津田沼〜新津田沼　2014 (平成26) 年４月　撮影：矢崎康雄

４両固定編成だった800形は1972年の２次車から２両固定編成の増結車が新造され、800形は1975年11月までに６両編成６本が製造された。登場当初は当時の京成標準塗装のキャンディピンクとマルーンのツートンカラーであったが、1980年からは既に冷房車のイメージが定着していた8000形のみで使われていたアイボリー地にブラウン帯の塗装に変更された。しかし当時の800形は非冷房車であった。◎京成津田沼　1988 (昭和63) 年３月　撮影：矢崎康雄

8000形は非貫通構造とされ、前面は湘南窓と当時流行りの縦長ガラスのイメージを織り交ぜた大きな２枚窓となり、同じ自社発注車である800形と異なり京成グループのどの車とも似ていない新京成独特のデザインとなった。またその前面の見た目から「くぬぎ山の狸」などと呼ばれ親しまれた。２次車からは塗色がベージュ地に前面窓下にブラウン、側面窓下には1本のブラウンの帯が入るものへ変更され、後に１次車もこの色に変更された。
◎京成津田沼　1988（昭和63）年３月　撮影：矢崎康雄

800形は1985年から冷房化改造が行われ、それと共に前面の貫通扉が埋められ、ステンレスで飾りがつけられた。またこの際に運転台が8800形と同様のものに変更された他、中間に閉じ込められた先頭車から機器や前照灯などのライト類が撤去され、６両編成６本だった800形は冷房化工事が終わる1990年までに８両編成３本、６両編成２本に組み替えられた。
◎撮影：矢崎康雄

北総鉄道線

北総線との直通運転開始と5000形の老朽化による置き換え用に製造された東京都交通局5300形は8両編成で北総線全通の1991年3月31日から運行を開始した。車体はアルミ製で前面形状はくの字形をした流線型。窓や貫通路は左右非対称配置となった。外板塗装はアーバンホワイトを地色にレッドとダークブラウンのツートン帯が窓下に配されている。
◎新鎌ヶ谷
2000（平成12）年5月
撮影：安田就視

北総開発鉄道は千葉ニュータウンへのアクセス路線として京成電鉄の子会社として発足。社名には「千葉ニュータウンエリアの鉄道輸送だけではなく、沿線開発にも積極的に参画し、ニュータウンの発展と共に会社も発展していこう」という思いが込められていたが、沿線開発からは1987年に撤退し、2004年に社名を「北総鉄道」へ変更した。
◎新鎌ヶ谷
2000（平成12）年5月
撮影：安田就視

新京成電鉄新京成線と相互直通運転をしているため、北総開発鉄道や住宅・都市整備公団にも新京成電鉄の車両が乗り入れていた。また新鎌ヶ谷〜小室は本八幡から都営新宿線を延伸する形で計画されていた千葉県営鉄道北千葉線と並走する予定で用地も確保されていたが、本八幡〜新鎌ヶ谷で用地確保ができず、未成線となった。
◎西白井
1984（昭和59）年3月
撮影：安田就視

西白井駅には開業から2000年まで西白井車庫と西白井車両区という車両基地が併設されており、北総開発鉄道や住宅・都市整備公団の車両がここに所属していた。しかし全線開業をし、車両数も増え手狭になったことから印西牧の原〜印旛日本医大間に印旛車両基地を建設して移転した。跡地は保守基地となっている。
◎西白井
1984（昭和59）年3月
撮影：安田就視

1979年の北総第一期開業に合わせて登場した北総開発鉄道7000形は6両編成3本が製造された。車体は普通鋼に外板のみをステンレスとするスキンステンレス構造で、無塗装であるため前面と側面の窓周りにはブルーのカラーフィルムが貼り付けられ、これは日本の鉄道車両として初の試みであった。
◎白井〜小室
1979（昭和54）年3月8日
撮影：宇野 昭

予想より遥かに少ない利用客数や増す赤字、ニュータウン造成の停滞などもあり、北総開発鉄道の経営は厳しかった。なにより都心直通ではないことや少ない列車なども仇となっていた。経営を立て直すためにも京成高砂〜新鎌ヶ谷の第二期線建設は急務で、1984年7月18日に起工式が行われている。
◎白井〜小室
1979（昭和54）年3月8日
撮影：宇野 昭

7000形は北総開発鉄道の
デザインポリシー検討委員
会の研究結果を反映させた
デザインとなっている。また
その斬新なデザインから
北総線の出発式参列者から
驚きの声が上がったそう
だ。また当初車内には吊り
革はなく代わりに握り棒と
なっていたが、後に吊り革
が設置された。
◎小室
1979（昭和54）年3月8日
撮影：宇野 昭

開業時、自社の駅は3駅だ
けだった北総線は各駅ごと
にホームの柱が色分けされ
ており、西白井は薄緑色、
白井は梨色、小室は水色と
なっていた他、駅名標が4
方向どこからでも見られる
デザインになっていた。そ
れが評価され、1980年に
は日本サインデザイン協会
「第14回 SDA賞 A部門」
を受賞している。
◎小室
1979（昭和54）年3月8日
撮影：宇野 昭

1967年に都市計画が決定され
た千葉ニュータウンは2014年
までの47年間にわたり、西白
井ブロックから印旛日本医大
ブロックまでの東西約18kmに
6ブロック17住区を開発して
きた。他の大規模ニュータウン
である多摩ニュータウンや港北
ニュータウンのように坂だらけ
ではなく、平坦な北総台地を開
発したのが特徴だ。ニュータウ
ン交通網の中軸は住宅・都市整
備公団千葉ニュータウン線を中
心としてその脇に北千葉道路が
走る形になっており、当初の予
定では小室駅の先あたりから成
田新幹線が合流し、並行して走
るはずであった。
◎小室
1979（昭和54）年3月8日
撮影：宇野 昭

斬新なデザインで初の試みもあった北総開発鉄道7000形は1980年に第20回鉄道友の会「ローレル賞」を受賞し、社内では大いに沸いたそうだ。授賞式は1980年8月10日に小室駅で行われた。その際に7000形には「ローレル賞 1980」のヘッドマークを取り付けた。◎小室　1980（昭和55）年8月10日　撮影：宇野 昭

千葉県営鉄道北千葉線計画を引き継ぐ形で千葉ニュータウンの開発施行者である住宅・都市整備公団が自ら鉄道事業者となり建設された住宅・都市整備公団千葉ニュータウン線は1984年3月19日に小室〜千葉ニュータウン中央で1駅間だけ開業した。同社が施設や車両を保有していたが、運行は北総開発鉄道に委託していた。
◎小室〜千葉ニュータウン中央
2006（平成18）年11月
撮影：矢崎康雄

開業時の小室駅周辺には1000戸ほどの集合住宅や戸建てができたばかりの新興住宅地が広がっていたが、駅からすぐにある国道16号の陸橋をくぐるとまだ造成中の土地や梨畑が広がるニュータウン開発途上の風景の中を北総線は敷かれており、経営は前途多難の船出であった。◎小室　1979（昭和54）年3月8日　撮影：宇野 昭

輸送力増強のため毎年京成から車両譲渡を受けていた新京成は、当初予定していた8両の譲渡が中止されたことから、急遽新京成電鉄初の自社新製車である250形が登場した。新製車といっても主要機器は京成モハ210形の新性能化で外された機器を流用したため、車体新造更新車に近いが大榮車輌製ではなく東急車輌製だ。
◎小室　1979（昭和54）年3月11日　撮影：宇野 昭

1954年4月に登場した700形は京成最後の吊り掛け駆動車として活躍していたが、新京成線の沿線人口が急激に増え、輸送需要に対して車両新造が追いつかないため、既にカルダン制御車の800形が登場していたにもかかわらず、1975年に京成電鉄から譲り受けて導入された。またこの時に700形の中間車として2100形のクハ2111号車も同時に譲渡されている。
◎小室　1984（昭和59）年3月　撮影：安田就視

1979年3月に北総開発鉄道北初富駅〜小室駅の開業時に終始発駅として開設された。駅周辺は千葉ニュータウンの小室ブロックで、唯一 船橋市に位置している。1984年に住宅・都市整備公団千葉ニュータウン線が開業すると両社の境界駅となり、中間駅となった。当初、運賃は別形態で乗り通す場合は当駅を境に初乗り運賃が北総と公団線で2重にかかった。
◎小室　1984（昭和59）年3月　撮影：安田就視

1976年に都営地下鉄浅草線の輸送力増強のために6両編成2本が製造された5000形6次車（5200形）。5000形の製造終了から8年ほど経っていたことから、大きく仕様が変更された。車体はセミステンレス構造となり、無塗装で窓下に朱色の帯が配されている。当初は非冷房車であるが冷房準備工事がされており1988〜1989年に冷房化された。2006年にさよなら運転が行われ、引退した。◎小室〜千葉ニュータウン中央　2006（平成18）年11月　撮影：矢崎康雄

1985年に登場した京浜急行電鉄1500形は1993年までに4・6・8両編成が製造され、このうち8両編成が1989年から都営浅草線へ乗り入れるようになり、京成や北総とも直通運転を行った。車体は地下鉄直通を前提として貫通扉が設置され、京急初の両開き3扉車であった。◎小室〜千葉ニュータウン中央　2006（平成18）年11月　撮影：矢崎康雄

1990年には翌年の北総第二期開業に備えて中間車2両を新造し、8両編成化された。また京急に乗り入れることから1992〜1993年にかけて先頭車が制御付随車から制御電動車へ改造されている。北総を代表する車両であったが、腐食等の老朽化が進み2007年3月25日に引退した。現在は7001号が西白井駅の脇にカバーをかけられた状態で保存されている。◎小室〜千葉ニュータウン中央　2006（平成18）年11月　撮影：矢崎康雄

北総第二期開業時に登場した北総開発鉄道7300形は京成電鉄3700形と共通の設計で、北総初のVVVFインバータ車となった。登場時にはスカートは装着されていなかったが、後に取り付けられている。また2003年からは京成電鉄より3700形をリースしており、こちらは自社発注車と区別するため7800形となっている。
◎小室～千葉ニュータウン中央　2006（平成18）年11月　撮影：矢崎康雄

1984年3月19日の住宅・都市整備公団千葉ニュータウン線開業に合わせて2000形が6両編成2本登場した。車体はセミステンレス車で、無塗装の車体外板には黄緑、朱、灰色のシンボルカラーを前面や側面の窓周りに配した他、前面は窓を大きくし、貫通扉が目立たないように施された。1編成目は1983年11月16日から3日間かけて整備を委託する北総開発鉄道の西白井車両区に搬入された。当初は北総線を介して新京成線新松戸まで乗り入れる運用だったが、将来的に都営地下鉄浅草線に乗り入れる予定からそれを考慮した設計であった。
◎小室～千葉ニュータウン中央　1984（昭和59）年5月　撮影：安田就視

千葉ニュータウン中央駅周辺はその名の通り行政施設や大規模商業施設などが集結した千葉ニュータウンの中心的なブロックとして1984年に街開きをした。成田新幹線は千葉ニュータウン線に並行して敷設される予定で、千葉ニュータウン中央には唯一の中間駅が設けられる予定だったが、工事は凍結され未成に終わり、用地は写真右奥の空き地として残った。
◎千葉ニュータウン中央
1984 (昭和59) 年5月19日
撮影：安田就視

1984年3月19日に開業してから、1995年に印西牧の原に延伸されるまでの約11年間、千葉ニュータウン中央駅は終始発駅であった。運行は直通する北総開発鉄道に委託しているため、北総開発鉄道の車両も開業時から乗り入れていた。
◎千葉ニュータウン中央
1984 (昭和59) 年5月19日
撮影：安田就視

1995年の千葉ニュータウン中央〜印西牧の原延伸開業にあわせて導入された住宅・都市整備公団9100形。千葉ニュータウンのイメージアップや省エネルギー化などが盛り込まれた車両で、「C-flyer」と名付けられた。車体は軽量ステンレ製で、前面形状は鳥のオナガをイメージした近未来的なものとなった。車内には1次車のみ公衆電話が設置されているのが特徴的だった。
◎千葉ニュータウン中央〜
印西牧の原
2006 (平成18) 年3月
撮影：矢崎康雄

千葉ニュータウン鉄道線

千葉ニュータウン中央駅脇に設置された看板には"成田新高速線早期実現"とある。この成田新高速線とは成田スカイアクセス線（京成成田空港線）のことで2010年に開業している。そもそもは成田新幹線構想が工事難航、凍結されたこともあり、1982年に運輸省が「新東京国際空港アクセス関連高速鉄道調査委員会」を発足させ3ルートを発表し、採用されたB案ルートだった。しかし、これもまた計画決定から着工まで20年近く空くこととなった。また千葉ニュータウン中央駅を含む都市基盤整備公団線を京成子会社の千葉ニュータウン鉄道として譲り受けたのもこの計画が関係していたようだ。余談だが、この時に提示されたCルートには1991年より成田エクスプレスや快速エアポート成田などが走っている。
◎千葉ニュータウン中央　2006（平成18）年11月　撮影：矢崎康雄

1995年の印西牧の原ブロックの街開きに合わせて、1995年4月1日に印西牧の原（仮称：印西草深）までの4.7kmが延伸開業した。1988年に北総開発鉄道に委託していた千葉ニュータウン線の運行だったが、この区間を第二種鉄道事業者として北総開発鉄道が開業することとなり、千葉ニュータウン線は北総開発鉄道と一体的な運行が行われ、旅客案内では「北総・公団線」と変更された。そのため運賃も通しで計算され、初乗りが2回かかることもなくなった。
◎印西牧の原
2000（平成12）年5月
撮影：安田就視

撮影した2ヶ月後の2000年7月22日には千葉ニュータウン最後の街開きとなった印旛日本医大ブロックの街開きに合わて路線も印旛日本医大(仮称：印旛松虫)まで延伸され、当駅は中間駅となった。この当時は公団の名称が変更となったため都市基盤整備公団千葉ニュータウン線として開業した。現在は公団が廃止され、代わりに発足した独立行政法人都市再生機構に移管する際に、引き継がれず京成電鉄の子会社として譲渡され、千葉ニュータウン鉄道となっている。
◎印西牧の原
2000（平成12）年5月
撮影：安田就視

上野、日暮里、押上付近

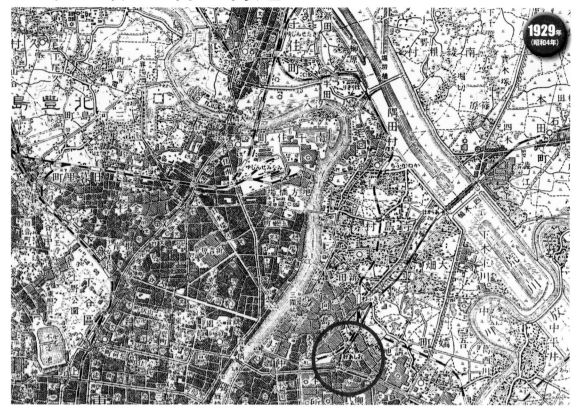

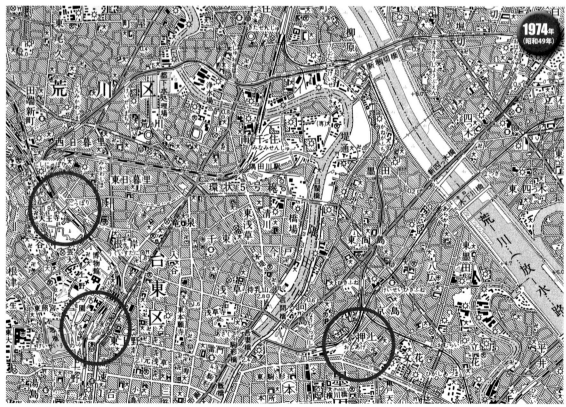

上：帝国陸軍参謀本部陸地測量部発行「1/50000」地形図　下：建設省国土地理院発行「1/50000地形図」

高砂、金町付近

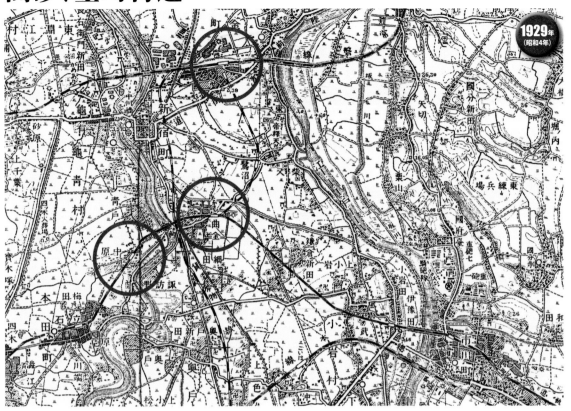

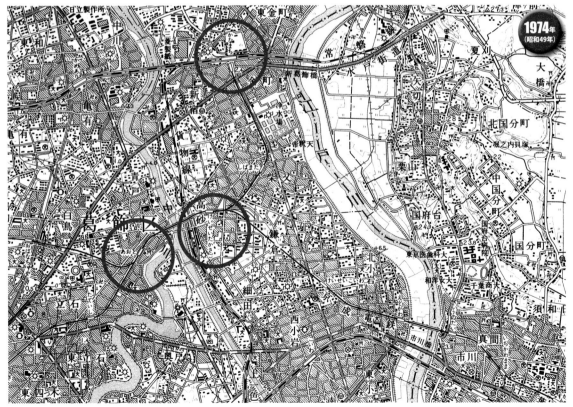

上：帝国陸軍参謀本部陸地測量部発行「1/50000」地形図　下：建設省国土地理院発行「1/50000地形図」

八幡〜船橋付近

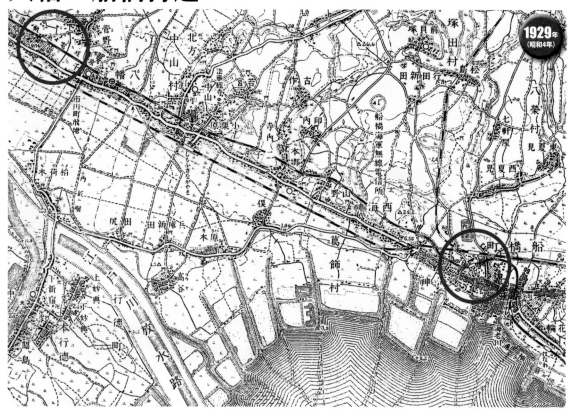

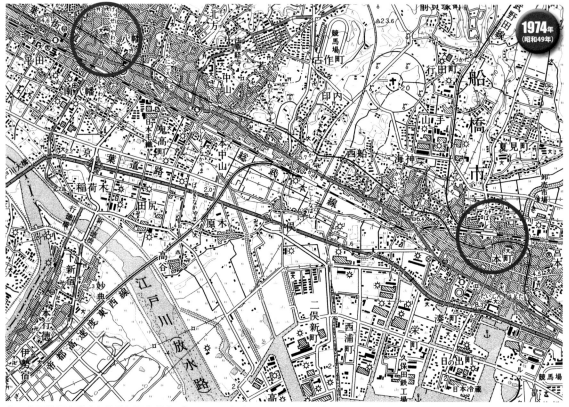

上：帝国陸軍参謀本部陸地測量部発行「1/50000」地形図　下：建設省国土地理院発行「1/50000地形図」

津田沼～幕張付近

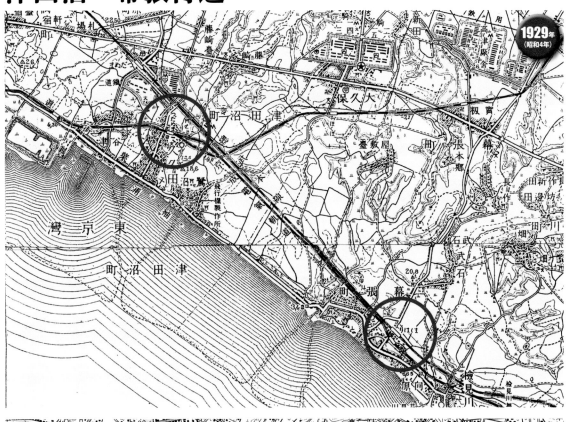

1929年
(昭和4年)

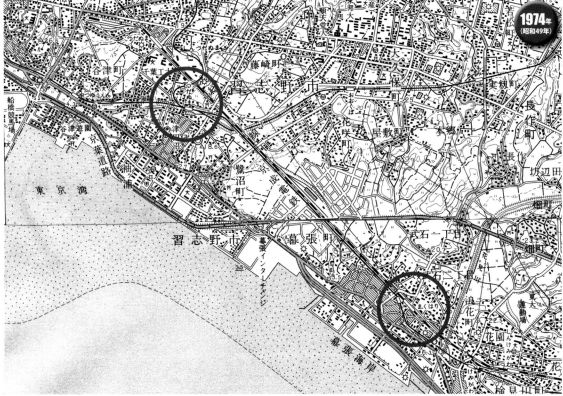

1974年
(昭和49年)

上：帝国陸軍参謀本部陸地測量部発行「1/50000」地形図　下：建設省国土地理院発行「1/50000地形図」

勝田台付近

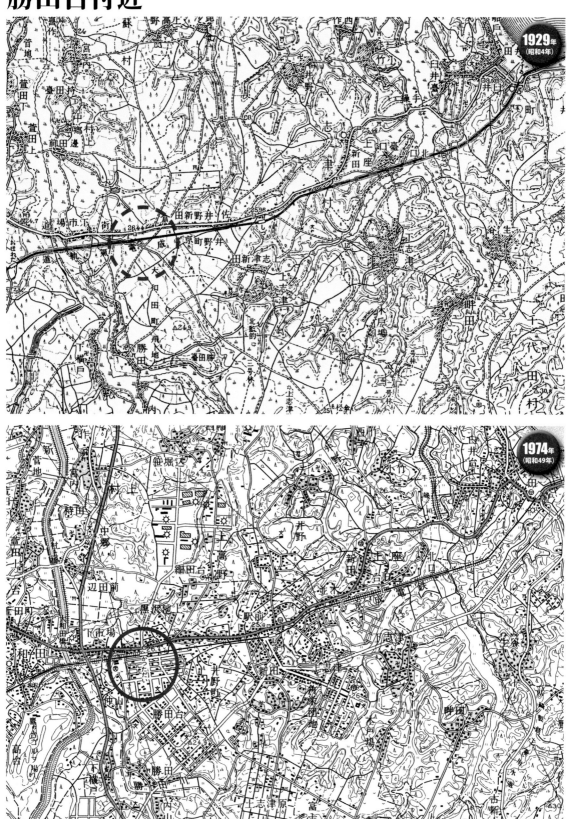

1929年
（昭和4年）

1974年
（昭和49年）

上：帝国陸軍参謀本部陸地測量部発行「1/50000」地形図　下：建設省国土地理院発行「1/50000地形図」

成田付近

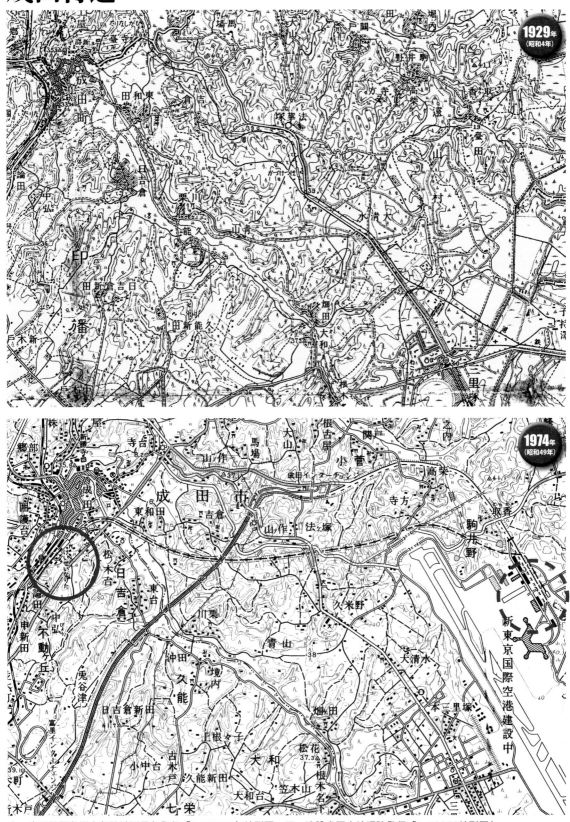

上：帝国陸軍参謀本部陸地測量部発行「1/50000」地形図　下：建設省国土地理院発行「1/50000地形図」

稲毛～千葉付近

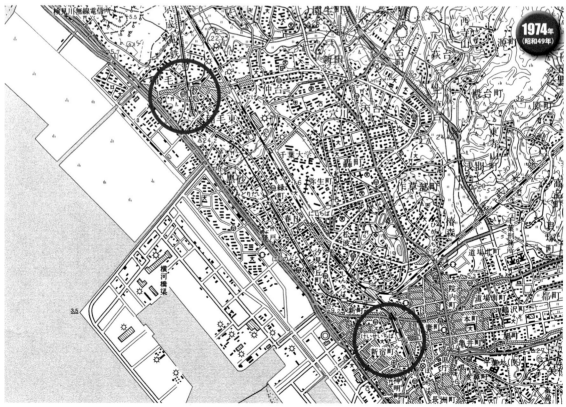

上：帝国陸軍参謀本部陸地測量部発行「1/50000」地形図　下：建設省国土地理院発行「1/50000地形図」

松戸〜くぬぎ山付近

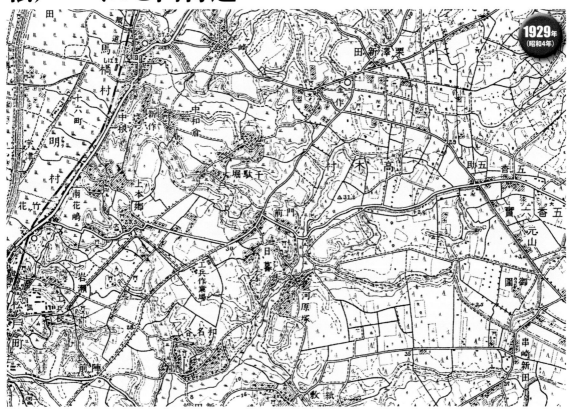

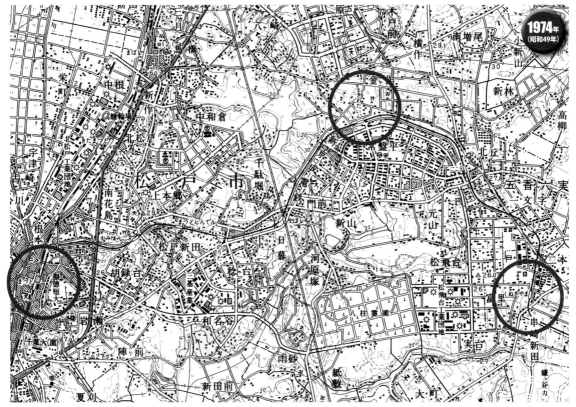

上：帝国陸軍参謀本部陸地測量部発行「1/50000」地形図　下：建設省国土地理院発行「1/50000地形図」

北初富～三咲付近

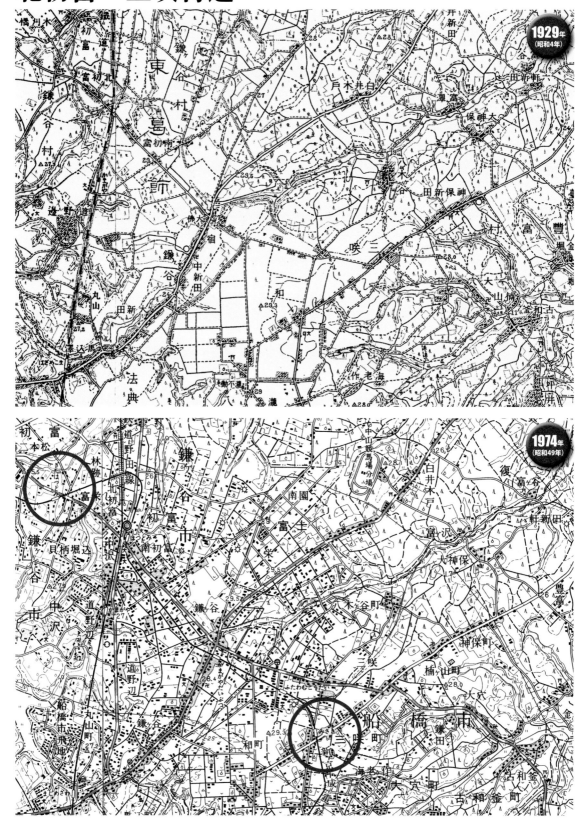

上：帝国陸軍参謀本部陸地測量部発行「1/50000」地形図　下：建設省国土地理院発行「1/50000地形図」

高根公団～前原、八千代台付近

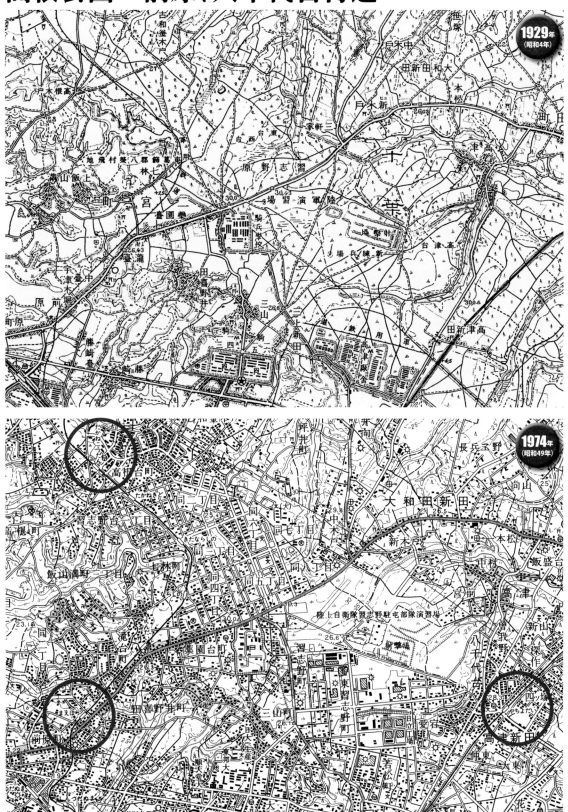

千葉ニュータウン中央付近

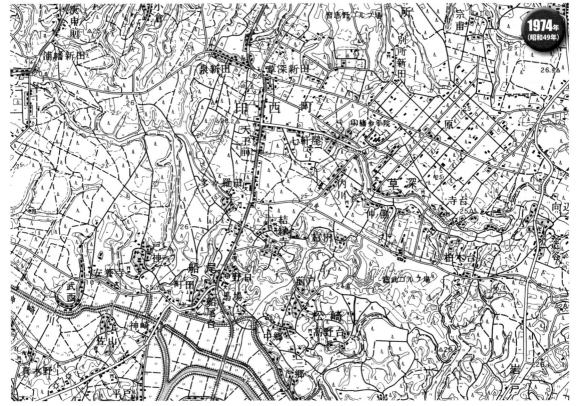

上：帝国陸軍参謀本部陸地測量部発行「1/50000」地形図　下：建設省国土地理院発行「1/50000地形図」

2章

モノクロフィルムで記録された
京成電鉄、
新京成電鉄、北総鉄道

特急「開運号」は1500形時代は料金不要の座席定員制で途中駅は青砥のみ停車であったが、1600形が登場した1953年
5月28日より特急料金が設定され座席指定制となり、京成上野〜京成成田をノンストップで運行された。1967年までは
1600形で運行され、以降は3200形に引き継がれた。◎京成津田沼　1958（昭和33）年頃　撮影：宇野 昭

京成電鉄 本線

京成本線の起点となる京成上野駅は1933年に上野公園駅として開業し、当初から上野公園の下に位置する地下駅であった。構内は２面４線で1973年にはスカイライナー運転に備えてホームを10両編成対応化するため駅の営業を休止して駅全体を掘り下げる大規模な改修工事が行われている。◎京成上野　1985（昭和60）年３月３日　撮影：荻原二郎

日暮里界隈の京成本線は上野隧道を出ると40‰の上り勾配で東北本線を越え、今度は33‰の下り勾配で日暮里駅に到着、またすぐに上り勾配で常磐線を越えていくアップダウンの激しい線形となっている。写真は日暮里付近で佐倉機関区所属のＣ58と並走する3200形。◎日暮里～博物館動物園　1968（昭和43）年５月　撮影：矢崎康雄

1960年から1962年にかけて32両製造された3100形は都営浅草線相互直通運転開始による増備車として登場した。性能的には3050形と同じであるが、大きく異なるのは前照灯が前面上部の左右に配置された点で、以降に製造された3150形や3200形などにも引き継がれている。また2次車からは空気バネ台車となった。
◎日暮里
1969（昭和44）年1月1日
撮影：矢崎康雄

3000形は1977年からは更新工事が行われ、前照灯は2灯のシールドビームに改造された他、一部運転台を撤去して4両編成化された。またモハ3009〜3014では両端とも運転台が撤去され、完全な中間車ユニットに改造されて6両固定編成も登場した。1991年に赤電最初の廃車となるまで非冷房車であった。現在は3004号車が宗吾参道で保存されている。
◎日暮里〜博物館動物園
1968（昭和43）年5月28日
撮影：矢崎康雄

1967年末から特急の6両化が行われ、3150形の90番台と3200形の90番台の計12両を6両編成ずつに組み替えて運用された。この際に2両ユニットごとに組成が組み替えられ、成田方2両目にはトイレ付き車両が配置されるように組まれた。写真の左側がトイレ付きのモハ3292号車で右側に連結されているのが3150形の3194編成だ。
◎博物館動物園〜日暮里　1968（昭和43）年5月28日
撮影：矢崎康雄

3150形の最後に作られた1編成4両はセミクロスシート車となり、1500形で運転されていた臨時の特急列車や1600形検査時の特急「開運号」の代走などがを置き換えるために登場した。見た目は他の3150形と同じであるが、識別のために車番が90番台となっている。3200形の90番台などとも併結して運用されていた。
◎日暮里〜博物館動物園　1968（昭和43）年5月28日
撮影：矢崎康雄

終戦から1951年頃にかけてクハ500〜クハ503号車の3両が電動車化改造され、モハ500形モハ500〜モハ502号車となった。この3両は1959年にウイングばね形のFS-28台車に履き替えられ、1966年6月〜9月にかけて大榮車輛にて全金属車への車体更新工事を受け、1975年に3両揃って新京成に譲渡された。
◎千住大橋
1968（昭和43）年5月28日
撮影：矢崎康雄

築堤上にある相対式2面2線駅だった千住大橋駅は1977年10月に京成上野から最初の待避駅として島式2面4線と高架化がなされた。これは日光街道拡幅による高架橋架け替えとスカイライナーの運転によって、一般列車の所要時間が伸びるのを最小限に抑えるためで、他に市川真間、センター競馬場前（現・船橋競馬場）などにも待避設備を整備している。
◎千住大橋
1969（昭和44）年1月
撮影：矢崎康雄

まだ2面2線時代の千住大橋駅の京成上野方。日光街道をオーバークロスするため3200形の快速京成千葉行きが築堤を駆け上がってきた。2面4線になった高架化工事の際にはこのホーム両側に線増して、分岐器はカーブの先の直線区間に設置されている。
◎千住大橋
1969（昭和44）年1月
撮影：矢崎康雄

1931年12月に完成した荒川放水路橋梁は1930年に完成した荒川放水路（現・荒川）を跨ぐ橋梁で、隣接する綾瀬川橋梁と連続して架橋されている。荒川放水路橋梁は全長446.99m。いずれも東京石川島造船所製で中央には3連の200ft複線下路曲弦ワーレントラス橋を配し、その両脇には60ftと70ftの単線上路プレートガーダー橋が各6連2列あり、合計15スパンとなっている。また綾瀬川橋梁は中央に100ftの複線下路平行弦プラットトラス橋1連があり、その両側に単線上路プレートガーダー橋が1連2列づつ架けられている。
◎京成関屋〜堀切菖蒲園
1974（昭和49）年5月5日
撮影：矢崎康雄

荒川、綾瀬両橋梁を合わせると600m近くになり、京成電鉄では最長の長さを誇る。現在、荒川の堤防は地盤沈下があった影響で開業時よりも嵩上げされており、この橋梁部分だけ約3.7m低いことから洪水時に越水の危険性がある。そのため綾瀬川橋梁共々架け替え工事が行われることとなり、2023年2月に起工式が行われた。新橋梁は山側最大15mの位置の今よりも約4m高く架橋予定で、京成関屋〜堀切菖蒲園の盛土区間も高架化されるなど全面的な線路切り替えを伴う大工事となり、2037年の完成を目指している。
◎堀切菖蒲園〜京成関屋
1977（昭和52）年1月4日
撮影：宇野 昭

国鉄の車体幅は京成の車両幅より大きい。そのため車体を長辺方向に切断し、台枠を含めた車両中心部分を200mmまるで模型のように切り詰めており、前面の貫通扉が異様に狭くなっている特殊な外観となった2000形。この車両は16両改造され、片運転台車クハ2000形として導入された。また種車が様々あり、1両1両形態が異なっていた。
◎お花茶屋
1959（昭和34）年4月19日
撮影：荻原二郎

２両編成で登場した1600形は特急「開運号」で活躍していたが、将来的に３両編成にできるように設計され、1957年に中間のモハ1603号車が増備され3両編成化された。この際にモハ1601号車の妻面にあったテレビアンテナが、モハ1603号車の車体妻面に移設されている。またモハ1603号車だけ全金属車となっている。
◎青砥〜京成高砂　1958（昭和33）年頃　撮影：宇野 昭

1912年の押上〜柴又・市川（仮）開業時に開設された高砂検車区は京成の都心側の拠点車庫として位置している。また都営浅草線の西馬込検修場が開設される前には東京都交通局高砂検修場が間借りしていた。
◎高砂検車区
1968（昭和43）年４月
撮影：矢崎康雄

1926年に３両が製造されたモニ５形６は木造無蓋電動貨車。両運転台車で、1921年に製造された２軸無蓋貨車チ1形からの続番が振られた。砂利や資材に運搬に使われた。京成最後の木造車であったが、後継のモニ20形が製造され、1974年までに廃車となった。
◎高砂検車区
1969（昭和44）年８月20日
撮影：宇野 昭

かつて京成高砂駅は京成本線と金町線の分岐部に設置されていたが、1954年に踏切の反対側となる現在位置へ移転し、2面4線駅となった。駅の京成成田方では京成本線と金町線とが平面交差で分岐する他、高砂検車区への入出庫線があり複雑になっているが、1991年3月の北総開発鉄道開業により、さらに複雑なものになった。
◎京成高砂　1975（昭和50）年11月27日　撮影：長谷川 明

築堤上にあった江戸川駅は江戸川橋梁架け替えにより線路が海側にズレることから旧駅と江戸川橋梁の間に仮ホームが作られた。写真はその時のもので、江戸川橋梁は開業時単線で、後から上り線用の橋梁が作られたことから、上り線は橋梁にあわせてカーブがあり仮設ホームもそれに合わせて曲がっている。
◎江戸川
1977（昭和52）年1月4日
撮影：宇野 昭

国府台駅は江戸川を渡った京成本線千葉県最初の駅で、開業時は市川鴻の台駅であった。その後、数回の駅名変更の後、現在の駅名となった。写真の頃はまだ地上駅で松戸街道に面した駅舎から出入りする形となっていた。通過するのは3200形の特急「開運号」で、奥には江戸川橋梁がみえる。
◎国府台
1968（昭和43）年1月24日
撮影：宇野 昭

20形は1921年の京成千葉
開業時に登場した優等用の
木造電車で12両製造され
た。車内と外装はアメリカ
の車両をイメージしてい
た。1936年には電装類を
クハ126形に譲り、クハ20
形となった。また1946年
にクハ20、22、29号車だ
けが半鋼製車体に載せ替え
されている他、1961年に
新京成電鉄に譲渡した。
◎菅野～京成八幡
1953（昭和28）年8月
撮影：長谷川 明

1953年5月に登場した
1600形は特急専用車とし
て2両が汽車製造東京支店
で製造された。車体は京成
唯一の湘南窓タイプの前面
窓で、ノーシルノーヘッダー
の半鋼製車となっている。
また車体外板塗装はマルー
ン地にクリーム帯で窓下に
細帯を窓上に太帯を配した
デザインとなった。また前
面には窓下帯から続く翼形
の装飾が施されている。
◎京成八幡～菅野
1953（昭和28）年5月28日
撮影：長谷川 明

1933年に200形の制御付
随車として10両が製造さ
れたクハ500形は200形に
よく似た車体で製造され
た。戦後クハ500～クハ
503号車の3両が電装改
造され、残ったクハ6両は
1957年から1958年にかけ
て大榮車輌にて特別車体修
繕工事を受け、乗務員室の
新設、側板の張り替えなど
を行った。1963年にはク
ハ503～506、508号車が、
1966年にはクハ509号車
が新京成に譲渡された。
◎京成八幡～鬼越
1953（昭和28）年4月
撮影：長谷川 明

1941年に梅鉢車輌で4両製造されたクハ1500形は2扉のセミクロスシート車として登場した。これもまた車体が海側と山側で非対称となっていた。戦時中に一度ロングシート改造されたが、戦後セミクロスシートが復活。開運号で運転するためモハ1501、1503が電装化改造された。◎京成八幡～鬼越　1953（昭和28）年4月　撮影：長谷川 明

特急「開運号」は車内が完全なクロスシートで構成された1500形のモハ1501号とクハ1502号車を主に使用して運転された。また車体外板塗装はチョコレートとクリームのツートンに塗り替えられた。1953年に1600形が登場すると臨時特急や1600形の代走などで活躍した。また1954年には1600形に合わせるためテレビが設置されている。
◎京成八幡～鬼越　1953（昭和28）年4月　撮影：長谷川 明

クハ500形のうちクハ507号車は1945年7月に戦災に遭い、1948年に帝国車輌にて100形モハ109号車などと同じ鉄道省63形に似ている車体が新造されて復帰した。戦後、鉄道省63形は私鉄各社に割り当てられたが、京成は車両限界などで入線ができないことから割り当てされなかった。しかしこのスタイルの車両が4両も存在していた。どれも制御電動車で制御付随車はこのクハ507号車のみであった。この車両は新京成には譲渡されていない。
◎鬼越〜京成八幡
1953（昭和28）年4月
撮影：長谷川 明

1953年に臨時駅の中山競馬場前駅から改称され本設駅となった東中山駅。武蔵野線船橋法典駅開業までは中山競馬場の最寄駅であった。待避線のある2面4線駅で、かつては都営浅草線からの直通列車は当駅折り返しであった他、上り列車でも京成船橋駅対策で朝方ラッシュに東中山行きが設定され、青電の特急に続行する区間特急などもあった。
◎東中山
1976（昭和51）年5月
撮影：長谷川 明

750形は1957年から4両編成となり京成上野〜京成成田の主力車として活躍したが、初期の高性能車であることから標準化されてなく保守に手間がかかる他、故障も多く、更新工事や新京成譲渡は行われず、1973年までに全車廃車となった。青電最後の新造車で、この750形で本格採用されたカルダン駆動や発電ブレーキは1958年から製造される3000形でも使われた。
◎東中山
1970（昭和45）年2月14日
撮影：宇野 昭

1948年に登場した600形は戦後初の本格的な新車として10両が製造された。この車両は運輸省の「私鉄郊外電車設計要項」を反映した標準設計車で京成お馴染みの非対称車体ではなくなった。1962年に更新工事が行われ全金属車化とともに片運転台となった。1968年には609、610号車の2両が新京成に譲渡された。京成に残った車両は1973年までに廃車となった。
◎葛飾（現・京成西船）～海神
1958（昭和33）年2月16日
撮影：長谷川 明

1926年に成田開業に合わせて京成初の半鋼製車として登場した100形。16m車で25両が製造され、当時京成線内には600Vと1200V区間があったため複電圧対応していた。木造車と同じく5枚窓非貫通の単車として登場し、屋根はシングルルーフでパンタグラフを装着して登場した最初の形式であった。◎京成船橋
1956（昭和31）年7月21日　撮影：荻原二郎

100形の車体更新工事は1956年9月の改造から押上駅地下化の関係で全金属車となり、車体は同時期に製造されていた750形によく似たものとなった。改造後は2000形と併結した3両編成で運用がなされたが、1963年から再度新京成電鉄への譲渡がはじまり、1967年までに全車譲渡した。
◎センター競馬場前（現・船橋競馬場）～谷津遊園（現・谷津）
1965（昭和40）年1月17日
撮影：宇野 昭

谷津支線の分岐駅として1927年に開業した当駅の最初の駅名は「京成花輪」だった。その後1934年に谷津支線は廃止となり、単なる中間駅となり、1950年に「船橋競馬場前」へ改称された。1963年には「センター競馬場前」へ再度変更されたものの1987年に「船橋競馬場」となっている。
◎センター競馬場前（現・船橋競馬場）
1970（昭和45）年10月6日
撮影：荻原二郎

京成本線は船橋競馬場から谷津駅付近では千葉街道と並走して走る。この区間は下総台地の縁にある海岸崖の下を走っていくが、谷津駅を過ぎると下総台地に分け入っていく。そのため谷津駅は橋上駅であるが、台地側の北口からは段差なく駅舎へ入ることができる。
◎谷津遊園（現・谷津）〜センター競馬場前（現・船橋競馬場）
1961（昭和36）年5月
撮影：宇野 昭

1962〜1967年の夏には「急行九十九里号」という海水浴客向けの臨時列車が走っていた。新京成線沿線から京成千葉線に直通し、京成千葉駅で京成バスに乗り換え、九十九里の各海水浴場へ向かうもので夏の毎週日曜日に運行された。新京成線内は各駅に停車し、その後京成千葉までは急行運転が行われノンストップであった。
◎京成津田沼
1962（昭和37）年7月29日
撮影：宇野 昭

２代目の新津田沼駅には京成電鉄津田沼第二工場が隣接していた。この車両工場は鉄道第二連隊の材料庫や工場の跡地利用で、1954年９月１日に発足した。この第二工場付近には大榮車輌も津田沼工場（後の津田沼第一工場）から移転してきている。
◎津田沼第二工場　1965（昭和40）年８月28日　撮影：宇野 昭

1968年から都営車のみが行っていた３社直通運転だが、京浜急行車による京成線への乗り入れは1969年12月31日の年が変わろうとする頃に三浦海岸〜京成成田で運転された臨時特急「招運号」よりはじまった。その後もハイシーズンを中心に直通運転が行われた。写真の特急「パシフィック号」は逗子海岸〜京成成田で運転された夏臨で、折り返しは京成成田〜逗子海岸の特急「逗子号」。それぞれ６本が運転され、京成と京浜急行とで半分ずつ受け持った。
◎京成津田沼　1970（昭和45）年８月９日　撮影：宇野 昭

1963年には3150形にセミクロスシート車が登場したことにより、1500形は3扉の一般車へ格下げ改造された。1955年に車体を新造した制御付随車の2両はドアの増設などが行われたが、新造時の車体が引き続き使われていた制御電動車の2両は車体を新造した。改造してしばらくした1967年11月に新京成へ譲渡された。
◎津田沼検車区
1964（昭和39）年11月22日
撮影：宇野 昭

700形全金属試作車の704編成は、1968年頃からはアルミ車体の1600形と組んで運用された。モハ704号車はカルダン駆動で、モハ1601号車は吊り掛け駆動であるため両方の駆動方式が混じった編成だった。1982年に廃車となり、この編成を最後に青電塗装は無くなった。
◎津田沼検車区
1968（昭和43）年4月5日
撮影：宇野 昭

津田沼車庫には津田沼検車区の他に津田沼工場も併設されていた。当初は一ヶ所であったが1954年に新京成線新津田沼駅に近い位置にあった鉄道第二連隊材料廠跡に第二工場が設置され、2工場体制となった。また工場には京成の車両を数多く改造した大榮車輛も入居していた。しかし宗吾工場が建設されたことで工場機能は移転し、津田沼第一・第二工場共に閉鎖された。◎津田沼車庫　1965（昭和40）年8月14日　撮影：宇野 昭

半鋼製車の700形は2両を
除く6両を使い3両編成2
本で運転され、後に2100
形2両を組み込み4両編成
2本に改められた。また
1961年から1963年にか
けて全金属車へ改造され、
1969年にはクハの2両が
中間車改造されている。こ
うして京成最後の吊り掛け
駆動車となった700形はク
ハ2202号車以外の5両が
1975年に新京成へ譲渡さ
れた。
◎津田沼検車区
1966(昭和41)年8月6日
撮影：宇野 昭

1954年12月に登場した京
成初の量産形高性能車とし
て1957年までにモハ750
形とクハ2250形がそれぞ
れ10両、合計20両が製造
された。車体は普通鋼を
使った全金属車で、2両編
成で登場したが、将来的に
3〜4両編成で組成するた
めクハ2250形の前頭部は
切妻構造で前照灯は車体に
埋め込まれていた。
◎津田沼第二工場
1960(昭和35)年2月
撮影：宇野 昭

1955年に津田沼車庫で発
生した火災に巻き込まれ
1500形は2両全焼し、1
両が半焼した。これの復旧
に際してクハ1502、1504
号車はノーシル・ノーヘッ
ダーの車体に新造された
後、編成順が変更になった
ためクハ1502はクハ1501
号車に、モハ1501はモハ
1502号車に改番された。
◎津田沼第二工場
1962(昭和37)年8月5日
撮影：宇野 昭

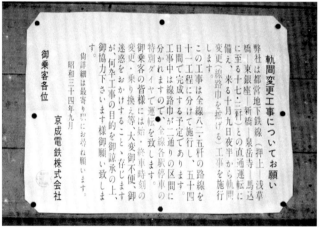

1959年の改軌期間中は優等列車の運転が中止され、全て普通列車で運転されていた。工事のたびに西へ移動する改軌工事の分界駅では隣同士や対面で乗り換えられるようにされており、写真のように数日間のために分岐器を設置し、折り返せるようになっていた。また改軌が終わると赤電塗装の3050形が運転され、改軌されたことを印象付けた。
◎京成津田沼　1959（昭和34）年10月18日
撮影：荻原二郎

都営地下鉄浅草線直通運転に先立ち1372mmの馬車軌道であった京成各線は1959年の10月から12月にかけて営業を行いながら全線を11工区12回に分けて標準軌への改軌工事が行われた。工事は本数の少ない下り方から行われ、期間中には京成臼井～京成佐倉に工事距離の都合で3日間だけ営業をおこなった1372mmと1435mmの分界駅となる佐倉・臼井中間仮駅が設置されるなどした。
◎1959（昭和34）年10月18日　撮影：荻原二郎

1926年の京成津田沼～京成酒々井開業時に設置された津田沼車庫が開設された。当車庫は駅の海側と成田線沿いの海側の二ヶ所に分かれていた。1982年に検車区機能は新設された宗吾検車区に移転した。
◎津田沼車庫　1972（昭和47）年6月25日　撮影：長谷川 明

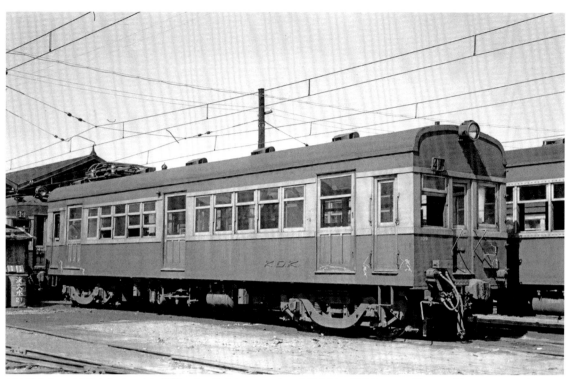

100形のモハ109号車は1945年に戦災により焼失し、1948年に帝国車輌で鉄道省モハ63形によく似たスタイルの車体を新造し載せ替えられた。同じ車体は210形や500形の戦災復旧車などでも使われ、車体だけでは区別はつかなかった。この前面形状に3段窓（写真は2段窓改造後）、PS13形パンタグラフはまさに63形であった。
◎津田沼工場　1954（昭和29）年3月　撮影：長谷川 明

日本初の大規模住宅団地となった八千代台団地の最寄駅として1956年3月20日に開業した八千代台駅。このとき駅は相対式2面2線で、上下線ホームは構内踏切で結ばれていた。開業当時は第一期分譲の入居直前で、東口側はまだ林になっているなど、まだ開発があまり進んでいなかった。◎八千代台　1958（昭和33）年頃　撮影：宇野 昭

前面貫通扉が異様に狭い変わった外観のクハ2000形であったが、1957年から1961年にかけて全金属車とする車体更新改造が行われた。これにより同時期に同じく全金属車改造されていた100形と似たような外観となった。このタイプの車両は1966年から1978年までに10両が新京成に譲渡された。◎八千代台　1961（昭和36）年 5 月　撮影：宇野 昭

「くろしお」は京成千葉線の海水浴臨時列車名だったが、1968年より京成上野～京成成田の海水浴臨時特急「くろしお号」
として京成本線をひたすら走る海水浴臨の名称となった。京成成田からはバスで九十九里の蓮沼海岸へと連絡輸送がとられ
ていた。◎八千代台　1970（昭和45）年8月9日　撮影：宇野 昭

京成臼井駅を出て最初のカーブを曲がる
と西印旛沼が現れる。元々は北印旛沼と
共に一つの印旛沼であったが、1969年に
完成した印旛沼開発事業により干拓され
多くが水田となり、開発前より半分以下
の大きさになった沼は貯水池化された。
写真奥に見える施設は印旛取水場で、こ
こで取水された水は千葉市や船橋市など
の水道水として供給されている。
◎京成臼井～京成佐倉
1968（昭和43）年5月
撮影：矢崎康雄

1977年に駅が京成上野方に580m移設された京成臼井駅はかつて京成佐倉方の成田街道にある現・京成臼井第01号踏切の先に存在し、相対式2面2線で駅舎は成田街道に面していた。現在の駅は区画整理事業によって移転し、2面4線化も考慮された2面2線駅で成田方引き上げ線を持ち、当駅止まりの列車も運転されている。
◎京成臼井　1968（昭和43）年3月31日　撮影：荻原二郎

かつては曲線上にあり、2面3線駅だった京成佐倉駅は1962年の区画整理事業により現在の位置へ移転し、曲線部分をショートカットするように駅部分は直線で作られた。移転後の駅は2面4線の橋上駅。写真は移転後の京成佐倉駅を通過する京成上野行き1600形開運号。
◎京成佐倉
1967（昭和42）年2月5日
撮影：荻原二郎

1968年に登場した電動ホッパ車のモニ10形は11、12の2両が製造され、2両セットで運用されている。17m車で運転室後ろには作業員添乗室が設けられている。中間にリキ100形2両を挟み込み4両編成で主にバラスト散布輸送で使用された。2000年にリキ100形も含め廃車となった。
◎宗吾参道　1968（昭和43）年5月　撮影：矢崎康雄

「佐倉義民伝」の佐倉惣五郎を祀っ
た宗吾霊堂の参道にあることか
ら、宗吾参道という駅名となった。
当初は現在の駅と踏切を挟んで反
対側の宗吾トンネルとの間に設け
られ2面2線駅であったが、1982
年1月24日に現在の位置に移設さ
れている。宗吾参道車両基地への
入出庫駅となっている。
◎宗吾参道
1968（昭和43）年5月6日
撮影：矢崎康雄

開業当初は頭端式であった京成成田駅は1957年にホームの先へ留置線を設けたことで、地下通路で連絡する2面3線駅となった。その後、引き上げ線に特急専用ホームが設置されていた時期もあった。1967年には3面3線駅となり2・3番線と4・5番線は同じ線路を共有している。また1978年の成田空港開業で引き上げ線部分が本線となり、中間駅となった。
◎京成成田　1970（昭和45）年1月　撮影：矢崎康雄

1930年4月25日に現在の駅より西側400mの位置に設置されていた成田花咲町（仮）駅より延伸する形で本開業した成田駅。翌年には京成成田駅へ改められている。成田山新勝寺への門前駅で、京成は成田山への旅客輸送を長らくおこなってきた。また成田空港（東成田）へ延伸するまで長らく京成本線の終始発駅であった。
◎京成成田
1968（昭和43）年5月
撮影：矢崎康雄

1991年3月19日に現在の成田空港駅開業の際に開設された信号場で、これにより京成本線はこちらのルートへ変更された。複線同士がそのまま分岐する形となっており、直進すると東成田駅、分岐すると現在の成田空港駅へ向かう。また当信号場から成田空港駅までの区間は京成も出資する第三セクター成田空港高速鉄道が線路などの施設を保有している。
◎駒井野信号場　1991（平成3）年2月22日　撮影：荻原二郎

京成電鉄
押上線

京成電気軌道の東京側のターミナル駅として開業した押上駅は頭端式2面4線で、東武鉄道の浅草駅（後の業平橋駅→東京スカイツリー駅）の近くに開設され、本社も併設されていた。開業翌年に東京市電が押上まで延伸し、接続駅となった。また駅前の北十間川に架かる橋は京成橋と呼ばれ、旧駅前は京成橋交差点となっている。
◎押上
1960（昭和35）年11月
撮影：宇野 昭

1959年におこなわれた京成各線の標準軌への改軌によって3000形も標準軌に改軌された。また元々改軌前提で作られた車両でもあり、改軌後の1960年頃に3000形は青電塗装から赤電塗装となっている。前面は700形などから続くスタイルで、前照灯は1灯の白熱灯で登場した。その後1975年にライトケースはそのままにシールドビーム化されている。また赤電塗装になった際に1号形ATSなどが載せられた。◎京成曳舟　1960（昭和35）年12月　撮影：宇野 昭

1928年に先に製造されていたモハ100形の増備車として製造されたクハ126形は、100形の続番が割り振られ10両が製造された。ほぼ100形と同一設計であるが、こちらの方が若干車体が長い。1936年にモハ20形の電装品を流用し電装化改造され、モハ126形となったが一部は再度、制御付随車となった。戦災で一部が廃車となり、1959〜1960年に残った7両全車が新京成に譲渡された。◎押上〜京成曳舟　1958（昭和33）年頃　撮影：宇野 昭

1953年の運行開始以降 特急「開運号」は検査などの期間以外は1600形で一貫して運行された。しかし老朽化から1967年11月13日に特急運用から退き一般車改造が行われた。1601と1602号車は帝国車輌製でアルミ車体を新造し、床下機器を流用して中間車へと改造された。700形の全金属試作車編成に組み込まれて運用され、モハ704号車のカルダン駆動とモハ1601号車の吊り掛け駆動がある混結編成だった。また1603号車は普通鋼に車体新造されクハ1603号車となった。なお元々の車体は一時期谷津遊園で保存展示されていたが現存はしない。
◎四ツ木～荒川（現・八広）　1971（昭和46）年12月12日　撮影：長谷川 明

京急電鉄線に乗り入れ

1991年の北総第二期開業のために京浜急行電鉄1000形8両編成2本の16両を譲り受け導入された北総開発鉄道7150形。このうち1編成は8両貫通編成だが、もう1編成は4両編成を2本繋ぎ合わせた8両編成で4両編成で使われたこともあった。1995年の印西牧の原延伸に向けて京成電鉄からリースされた7050形が導入され廃車が始まり1998年1月まで活躍して引退した。◎京急本線 京急川崎 1991（平成3）年4月6日 撮影：荻原二郎

2000形は1991年3月の北総線全通により京成、都営浅草線、京急線との直通運転がはじまった。その準備工事として1990年に中間車2両を増結し、8両編成化された他、京急線内に入線するため制御付随車であった先頭車は制御電動車へ改造されている。京急線に乗り入れるようになって数年経った1994年には京浜急行電鉄2000形と形式が被ることから、9000形へと改められた。その後、2017年に9800形が登場し、置き換えられ引退した。◎京急本線 大森海岸 1991（平成3）年4月6日 撮影：荻原二郎

京成電鉄 金町線

1952年から1962年にかけて100形の車体更新工事が行われた。改造期間が９年近くにわたる他、戦災や事故などで先に車体が載せ替えられていた車両などもあり、この工事で半鋼製車から全金属車まで様々なパターンが誕生した。
◎柴又　1959（昭和34）年10月　撮影：宇野 昭

常磐線との接続駅となる金町は２面２線の頭端式ホームであった。しかし18m車４両編成化などで現在は１面１線駅となっている。また柴又から金町までは単線で、ほとんど複線で敷設されている京成では珍しい区間となっている。写真は京成金町駅で発車を待つ500形が先頭の押上行き。◎京成金町　1959（昭和34）年10月　撮影：宇野 昭

京成電鉄 千葉線

1958年に都営地下鉄浅草線との直通用として最初に製造された3000形は京成初の18m車で14両が製造された。2両1ユニット構造で登場時はまだ1号線直通車両規格が決定前で入線前に手直しをしている。また当初は青電塗装で登場し、まだ馬車軌1372mm軌間の京成各線で運用されていた。
◎京成幕張　1959（昭和34）年12月　撮影：宇野 昭

1959年の京成各線改軌工事の直前に導入された3050形は26両が製造された。京成で初めて1435mmの標準軌で製造された車両で、改軌工事が終わった区間から順次営業運転を行った。写真は京成千葉線改軌工事中の写真で、京成各線で最初の改軌区間となった京成幕張〜京成千葉が標準軌となり、営業運転をはじめた直後の3050形だ。
◎京成幕張　1959（昭和34）年10月　撮影：宇野 昭

京成全線1372mmから1435mmへの改軌工事で最初に行われたのは京成千葉線の京成幕張〜京成千葉で、先行して京成千葉駅に標準軌車のモハ3071〜モハ3076の6両が搬入されていた。改軌後は次の改軌工事までの数日間、京成幕張駅で異なる軌間の列車同士で接続が行われた。写真左が標準軌の3050形京成幕張〜京成千葉折り返し列車で、右は馬車軌の100形 押上行きだ。◎京成幕張　1959（昭和34）年10月　撮影：宇野 昭

京成幕張駅は相対式2面2線だったが、両側に踏切がありホームを延伸できず6両編成に対応できないことから1968年に駅が京成津田沼方に移設され、6両編成対応の1面2線となった。またかつては当駅に隣接する国鉄幕張駅の貨物側線から新車搬入をおこなっていた。
◎京成幕張
1966（昭和41）年2月26日
撮影：荻原二郎

1952年にはクハ2000形の最後の2両となるクハ2017、2018号車が登場した。この車両はこれまでのクハ2000形と同じく鉄道省の戦災車を利用しているが、台枠だけ使って車体は新製された。そのため外観が大きく異なっており、外観だけ見ればもはや別の車両である。この2両は京成では更新されず、1964年に新京成へ譲渡された。
◎検見川〜京成稲毛
1958（昭和33）年頃
撮影：宇野 昭

1954年4月に登場した700形は制御電動車のモハ700形と制御付随車のクハ2200形を組み合わせた2両編成で、それぞれ4両ずつ8両が製造された。車体は17m車の半鋼製車で2100形とほぼ同じ車体だった。登場して早々にはクハ2204号車がカルダン化で捻出された機器を利用してモハ706号車へと改造されている。
◎検見川〜京成稲毛
1961（昭和36）年7月3日
撮影：宇野 昭

1952年から1953年に11両製造された2100形は戦後京成としては初となる本格的な新車で、車体は17mの半鋼製車でノーシルノーヘッダー、張り上げ屋根で幅は従来より100mm広くなった。この2100形で導入された前面形状はこれ以降の新造車両でも採用された。また最初の6両は電動車化改造を見据えてパンタグラフ台座などもあったが、実現しなかった。
◎検見川〜京成稲毛　1961（昭和36）年7月23日　撮影：宇野 昭

終戦後の復興期の最中、車両不足に悩まされていた私鉄各社は戦争で被災した鉄道省の電車を譲り受けた。他社はモハ40やモハ41形といった20m車だったが、車両限界や線形の都合で京成には入線できないため、17m車のモハ30、31、50形など18両の焼けただれた車両を譲り受け復旧工事を行いクハ2000形が1948年から1949年にかけて登場した。
◎京成稲毛　1958（昭和33）年頃　撮影：宇野 昭

1946年に帝国車輛で5両が製造された17m車の半鋼製車で、220形は200形や210形の続番で窓配置などはよく似ているが、リベットが無く京成初の乗務員扉が設置されるなど違いもある。1964年に全金属車に車体更新され600形更新車と同じ車体となり、1967年11月と1968年12月に新京成に譲渡された。
◎京成稲毛　1959（昭和34）年10月　撮影：宇野 昭

かつては稲毛海岸への海水浴客や潮干狩り客で賑わっていた京成稲毛駅。しかし現在、海岸線は埋立によって遥か彼方に移動してしまった。かつては海水浴臨時列車などのために留置線も設置されていたが、ホーム延伸工事で現在はなくなっている。◎京成稲毛　1961（昭和36）年8月27日　撮影：宇野 昭

1931年の青砥～日暮里開業に合わせて製造された200形は10両が製造された。17m車の半鋼製車で前面に貫通扉をつけた京成最初の形式で、前面窓は3枚となっている。また車体の海側と山側でドア位置が非対称となっており、いわゆる「京成スタイル」となった。◎京成稲毛　1961（昭和36）年12月28日　撮影：宇野　昭

昭和30年代半ば頃までは京成千葉線の稲毛海岸～京成千葉付近では海の近くを走っており、また検見川なども海まで徒歩圏内だったことから沿線には幕張海岸や検見川海岸、稲毛海岸、黒砂海岸などといった海水浴場が点在していた。しかし、埋め立てなどにより砂浜は無くなり、今は内陸に位置する路線となった。わざわざバスに乗り換えて九十九里に行かなくても京成千葉線沿線で十分に海水浴が楽しめた。◎京成稲毛　1965（昭和40）年8月8日　撮影：宇野　昭

下総台地の中を堀割りで進む京成千葉線。この付近には稲毛浅間神社があり、その名の通り富士山信仰の神社で富士山形の形に土を盛った上に建立している。かつては海岸線に面していた神社の境内一帯は松林で覆われており、名勝地として知られている。◎京成稲毛〜黒砂（現・みどり台）　1961（昭和36）年7月2日　撮影：宇野 昭

1937年には200形の増備車として210形10両が製造された。車体は200形とほぼ同じで車番も続番で、両車の違いは自重が異なる程度であった。1967年に210形は更新工事が行われ、この際に台枠以外は全て新造され新たに中間電動車となり2100形に挟まれて使用された。◎黒砂（現・みどり台）　1963（昭和38）年1月2日　撮影：宇野 昭

かつては海から200mほどしか離れていなかったため開業時は浜海岸駅であった当駅はその後数回駅名が変更になっている。まず1942年には帝大工学部前駅、工学部前駅、そして1951年には黒砂駅となったが、埋め立てにより海が遠くなったことから1971年に現在の駅名であるみどり台駅 に改称された。
◎黒砂（現・みどり台）
1967（昭和42）年4月26日
撮影：荻原二郎

都営浅草線発着の京成千葉行き臨時急行「いそかぜ号」は、地下鉄に直通できる3000形の力を発揮した列車で、浅草線各駅から九十九里の各海岸への海水浴客列車として活躍した。かつては列車名が漢字の時期もあった。
◎新千葉　1970（昭和45）年8月9日　撮影：宇野 昭

夏の海水浴シーズンに京成上野～京成千葉で運転された特急「九十九里号」。京成千葉から九十九里の各海岸にはバスで連絡していた。当時の房総半島は国鉄が夏だけ臨時ダイヤを組むほどの行楽客で賑わっていた。
◎国鉄千葉駅前（現・京成千葉）　1970（昭和45）年8月9日　撮影：宇野 昭

全金属車に車体更新されたクハ2000形のうち2008号車はクハ2100形が1両不足することからモハ210形と編成が組まれ、2100形に混じって4両編成の先頭車として運用された。その後、1970年には2100形と同様に特別修繕工事がなされ3100形のようなスタイルとなった。最後まで京成で運用され1987年に廃車となった。
◎国鉄千葉駅前（現・京成千葉）　1977（昭和52）年8月30日　撮影：宇野 昭

1931年にモハ27号車は押上駅で火災により焼失し、半鋼製車体が申請された。そのためか20形で唯一電装解除されず、電動車として運用された。その後、クハ20形3両と共に1961年に新京成電鉄に譲渡された。
◎京成千葉　1962（昭和37）年7月28　撮影：宇野 昭

新京成電鉄線

木造電車のモハ39形とモハ45形を
半鋼体化改造する形で1938年に
モハ300形8両が改造された。改
造後も14mで客用扉は2扉で側面
窓は左右非対称となっていた。京
成時代は主に支線区で使用され、
1953年から新京成に貸し出され、
1955年に譲渡された。
◎松戸
1960（昭和35）年2月21日
撮影：長谷川 明

1928年に先に製造されて
いたモハ100形の増備車と
して製造されたクハ126形
は電装化さたモハ126形と
再度制御付随車となった
クハ126形の合計7両が
1959～1960年に京成電
鉄から新京成電鉄に譲渡さ
れた。この際に車体はほぼ
原型を留めた状態で入線し
た。
◎八柱
1961（昭和36）年4月8日
撮影：宇野 昭

1959年の前原団地、1960
年の常盤平団地、高根台団
地、1967年に習志野台団
地と大型団地が開発され
た。そのため今までは小型
車の単行や2両併結程度で
間に合っていた輸送力が、
足らなくなり1967年には
小型車5両編成運転がはじ
まり、1982年には8両編成
での運行がはじまった。こ
れは当時の京成本線より長
かった。
◎常盤平
1973（昭和48）年12月8日
撮影：矢崎康雄

新京成に譲渡された126形
は1963～1966年にかけ
て車体更新工事を受け、45
形や300形の車体更新車と
同じような貫通路のある片
運転台の全金属車スタイル
へと改造された。この際に
クハ132号とクハ133号は
それぞれクハ131号と132
号に改番された。
◎常盤平
1973（昭和48）年12月8日
撮影：矢崎康雄

1955年4月には京成津田沼〜鎌ヶ谷初富（延伸直前に初富に改称）だった新京成線は松戸まで延伸開業し、全通した。常盤平駅は金ケ作駅としてこの時に開業した。初富〜松戸は新京成線開業により開発がはじまり、常盤平団地などの大型団地や宅地開発が次々と行われ、それと共に輸送需要も増加していった。この延伸で五香に車両基地が設置されている。
◎常盤平　1973（昭和48）年12月8日　撮影：矢崎康雄

1966年から行われた車体更新工事ではモハ307号車だけオールアルミ車の試作車として汽車会社製のアルミ車体に載せ替えられた。アルミ車体ではあるが塗装されていたため、見た目ではほとんどわからなかった。また45形と300形は8000形の登場により置き換えられ、1978年までに引退した。写真2両目がモハ307号車だ。
◎常盤平　1973（昭和48）年12月8日　撮影：矢崎康雄

新京成に譲渡された1100形は1968年12月から1970年9月にかけて車体更新工事がおこなわれ、全金属車となった。この際に片運転台のモハ1100形4両と中間車のサハ1100形2両へと改造された。その後20形や500形などから編入車両があり、1100形は新京成17m車の一大勢力となった。1987年まで活躍し、廃車となった。
◎常盤平　1973（昭和48）年12月8日　撮影：矢崎康雄

陸軍鉄道連隊の松戸演習線を転用する形で開業した新京成線。演習線は蛇行して距離を稼いでおり、かなりグネグネと曲がっている。津田沼から松戸は直線距離で16kmほどではあるが、現在の営業キロは25.3kmもある。これでも鎌ヶ谷大仏や常盤平付近ではそのまま転用せずにショートカットしたルートで新たに敷設し直している。
◎常盤平
1973（昭和48）年12月8日
撮影：矢崎康雄

1946年に帝国車輌で5両が製造された220形は1964年に大榮車輌にて半鋼製車から全金属車への車体更新工事を受けている。1967年11月と1968年12月に京成電鉄より譲渡され、新京成では扇風機の取り付け、前照灯の2灯化がおこなわれ1986年まで全車運用された。
◎常盤平〜五香
1973（昭和48）年12月8日
撮影：矢崎康雄

1955年4月の松戸延伸開業した頃に開設された五香車庫は新京成としては最初の本格的な車両基地となった。しかし新京成の保有車両は輸送需要の増加により、1975年頃には138両にまで増加し、手狭となった五香車庫は1975年11月にくぬぎ山車庫へ乗務区と共に移転している。
◎五香車庫
1973（昭和48）年12月8日
撮影：矢崎康雄

1948年に運輸省の「私鉄郊外電車設計要領」を反映した標準設計車として登場した600形は1968年に609、610号車の2両が京成より譲渡された。しかし、足回りが古く保守に手間がかかり、かつ2両だけの少数グループであることから1981年6月22日に廃車となった。
◎五香車庫
1973（昭和48）年8月
撮影：矢崎康雄

250形は新京成初の4両固定編成で2本が登場した。車体は17m車で1100形の更新車に近いが、ドア幅が1200mmに拡幅され、ドア窓の小窓化や運転台後ろの窓がなくなるなど違いも多い。機器類も210形から全部流用したわけではなく、新京成初のMGや空気圧縮機のサハ車への分散配置、運転室の計器類も更新車とは違い充実していた。
◎元山
1967（昭和42）年1月5日
撮影：宇野 昭

1963年にはモハ39形とモハ45形の４両は鋼製化改造の際に片運転台、2両1ユニットとされた。この際にモハ39形の41号が46号に改番されているが、それ以外の改番はなかった。6両化運転の際には２＋２＋２で運行され、先頭に出ることや時には300形ユニットに挟まれる形で運用されることもあった。
◎元山〜くぬぎ山
1972（昭和47）年９月３日
撮影：矢崎康雄

1974年に廃車となったモハ600形より台車と主電動機が126形のモハ126〜128号に移設され、出力が強化された。1975年11月の６両編成化の際には車体長の関係で1100形と組成された。126形は後に８両化され、1986年までに廃車となった。
◎くぬぎ山
1976（昭和51）年１月５日
撮影：宇野 昭

1975年9月に建設されたくぬぎ山車庫は同年11月に五香車庫を移転する形で開設された。くぬぎ山駅の新津田沼方に設けられ、これにより新京成は全編成6両化できた。1979年には工場機能が完成し、京成に委託していた全般検査等の車両検査を自社でできるようになった。また1977年には本社も新津田沼からくぬぎ山へ移転し、新京成電鉄の拠点駅となっている。
◎くぬぎ山車庫
1976（昭和51）年１月５日
撮影：宇野 昭

全線単線で敷設されていた新京成線であったが、利用客の急増による輸送力増強策として複線化が行われた。元々陸軍松戸演習線が複線であったことから、流用した区間の用地はほとんど確保されていた。複線化は1961年の八柱～松戸にはじまり、1975年2月の鎌ヶ谷大仏～くぬぎ山の完成で、新津田沼～京成津田沼以外の区間で複線化が完成した。
◎くぬぎ山
1972（昭和47）年9月3日
撮影：矢崎康雄

1941年に製造された1500形は1952年から特急「開運号」として活躍し、その後1963年に一般車改造され1967年に新京成に譲渡された。しばらくはそのまま使っていたものの1972年には250形に合わせた更新工事が行われ250形へと改番された。1987年12月に廃車となった。
◎くぬぎ山～元山
1972（昭和47）年9月3日
撮影：矢崎康雄

戦争で被災したり、京成時代に更新工事を受けたりと様々なバリエーションがあった100形であったが、新京成入線後の1973年には特別修繕工事がなされた。この工事では半鋼製車の4両を除く全金属車21両を片運転化、中間電動車化した。
◎北初富
1979（昭和54）年3月4日
撮影：宇野 昭

新京成線北初富駅の新津田沼方には分岐器が設置されており、ここで北総線が分岐していた。分岐した北総線は高架橋を駆け上がり当時は駅がなかった新鎌ヶ谷付近から現在のルートを走った。京成高砂～新鎌ヶ谷開業後の1991年3月から1992年7月までの約1年は京成押上線や都営浅草線などと相互直通運転をする傍ら、新京成線とも引き続き相互直通運転を続けていた。しかし新京成線新鎌ヶ谷駅開業により取り止められ両線は新鎌ヶ谷駅での乗り換えが必要となった。これと共に北総開発鉄道の北初富～新鎌ヶ谷の連絡線が廃止され、後に高架橋も撤去された。
◎北初富～西白井
1989（平成元）年11月23日
撮影：荻原二郎

1978年に特別修繕工事が終わった100形は他形式と混結して3＋3の6両編成7本へと改められた。その後、1979年8月には先頭車の前面貫通扉の非貫通化がモハ111号車とモハ120号車からはじまり、前面にはステンレス製の幌枠風の飾りが設置された。
◎薬園台
1975（昭和50）年8月30日
撮影：宇野 昭

1926年に京成初の半鋼製車として登場した100形。新京成に来たのは松戸延伸後の1957年で京成から4両だけ譲渡されていた。しかし前原や常盤平、高根台といった大規模団地の完成で急激に利用客が増えた1960年代半ばに新京成線の輸送力増強のため、さらに譲渡され100形は全車両が新京成に移籍してきた。
◎北初富～初富
1969（昭和44）年5月31日
撮影：長谷川 明

習志野は1873年に明治天皇が「習練を志す野原」と命名したことによる地名で、周辺には駐屯地や演習地が多く設けられ、まさに名の如くであり、新京成線の前身となる陸軍鉄道第二連隊松戸演習線もその一つであった。
◎薬園台～習志野
1958（昭和33）年頃
撮影：宇野 昭

前原駅では新津田沼方面と藤崎台・京成津田沼方面の列車がホームで対面接続を取れるようになっていた。松戸方面の列車と接続をとるため前原～新津田沼、前原～京成津田沼の区間列車が本線列車の行き先によって設定されており、その都度行き先標の交換を行なった。
◎前原
1961（昭和36）年11月3日
撮影：宇野 昭

新京成電鉄は戦後、放置されていた陸軍鉄道第二連隊松戸演習線跡を利用した新線計画を1946年3月に京成電鉄が取得し、京成の子会社として誕生した。まずは1947年12月27日に新津田沼～薬園台で運行を開始した。法律の影響で当時の京成本線の軌間である1372mmではなく1067mmで建設されたが、1953年に京成各線と同じ1372mmとなった。また新京成線が全通した1955年から京成千葉線と直通運転を開始したが、臨時列車以外は早々に取りやめとなった。
◎前原
1961（昭和36）年11月3日
撮影：宇野 昭

1921年の京成千葉開業時に登場した優等用の木造電車で12両製造された。クハ20、22、29号車とモハ27号車が半鋼製車体に載せ替えられており、1961年に京成より譲渡された。この4両は1971年に全金属車への車体更新工事が行われ、1100形に改番編入された。モハ27はモハ1105になり、クハ3両はサハ1108〜1110号車となった。
◎前原
1962（昭和37）年7月29日
撮影：宇野 昭

新津田沼駅界隈は駅の移転を数回繰り返した。最初の新津田沼駅は現在の新津田沼駅よりやや前原駅寄りにあり、2両編成分程度の長さをもった1面1線のホームに側線が2本という小規模なものだった。当時はまだ新津田沼から京成津田沼まで線路は延びておらず、京成と直接線路は繋がっていなかった。1953年11月には念願の前原〜京成津田沼が開業し、京成本線と線路が繋がった。これにより新津田沼駅は新線上に移設され、初代の新津田沼駅は廃止された。当時の新京成は1067mmであったため、この開業直前の1953年10月下旬に全線が当時の京成本線の軌間であった馬車軌の1372mmに改軌されている。
◎新津田沼
1960（昭和35）年2月
撮影：宇野 昭

新京成線開業時は京成から譲り受けた車両でスタートした。最初の車両は当時の京成最古参であった木造電車のモハ39形とモハ45形だった。モハ39形は元京成39形で1925年に雨宮製作所で造られた14m車。当時モハ39形として残っていた唯一のモハ41号1両だけがやってきた。入線に際しては1372mmから1067mmに改軌されている。
◎新津田沼
1961（昭和36）年2月
撮影：宇野 昭

念願叶って京成本線と線路が繋がったものの、今度は国鉄津田沼駅から遠くなってしまった新津田沼駅は乗り換えが不便なため1961年8月23日に初代の位置へ再度移転。2代目新津田沼駅は藤崎台駅へと改称され、引き続き京成津田沼までの直通列車が使用された。
◎藤崎台
1968（昭和43）年5月12日
撮影：荻原二郎

1971年に新京成電鉄2系列目の自社発注車として登場した800形は4両固定編成で登場した。2系列目ではあるが、最初の250形は京成の旧型車部品流用であるため完全に新規としては新京成初の自社発注の新車となる。また新京成初のカルダン駆動車で車体は京成の新車などと同じ18mとなった。
◎新津田沼
1971（昭和46）年5月1日
撮影：宇野 昭

京成本線から津田沼第二工場へは京成津田沼から新京成線を走り総武本線を跨いでやってくる。この区間の新京成線は第二工場の入出場のために作られたとも言われている。また工場では京成と新京成双方の車両修繕などを行なっていたが、1982年に宗吾検車区と工場が完成したことで移転し、閉鎖された。
◎新津田沼～京成津田沼
1964（昭和39）年11月22日
撮影：宇野 昭

陸軍鉄道連隊 K 2 形蒸気機関車は動輪が 5 つある E 形で、1942〜1944年に47両が製造された。初期車は満州に送られ、戦後消息をたっているが、国内に残った機関車は私鉄や炭鉱へ払い下げられた。写真の140号機は600mmから1067mmに改軌され、小湊鐵道に払い下げられていたが、新京成線建設工事のため1947年から100式鉄道牽引車などと共に古巣である鉄道第二連隊松戸演習線を旅客化するために活躍したが、その後は新津田沼駅構内に留置されていたようだ。現在は同形のK 2 形134号が新津田沼駅近くの津田沼一丁目公園に保存されている。
◎新津田沼
1953（昭和28）年 5 月 3 日
撮影：長谷川 明

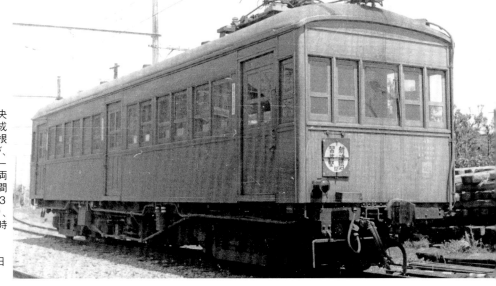

モハ45形の前面窓は中央部の窓が大きい 5 枚構成だった。モハ39形の屋根はダブルルーフだったが、モハ45形はシングルルーフとなっていた。この車両は京成電鉄で1372mm軌間として登場してから都合 3 回改軌工事を受けており、写真は 2 回目の1372mm時代の写真だ。
◎新津田沼
1953（昭和28）年 5 月 3 日
撮影：長谷川 明

1941年に梅鉢車輌で 6 両製造されたクハ1100形は登場してすぐにモハ126形の一部やモハ31形の機器を流用して電装化改造され、モハ1100形となった。またこの1100形からはリベットが無くなり全溶接車体となっている。1961年 1 月に全車京成より譲渡され導入された。
◎京成津田沼
1968（昭和43）年 3 月16日
撮影：宇野 昭

1953年から新京成電鉄新京成線も乗り入れるようになった新京成電鉄新京成線は当初、短期間だが千葉線との直通運転をおこなっていた関係で千葉線ホームへ入線していたが、その後新京成線専用の5番線ホームを設置。1968年の駅改良工事の際に新京成線用のホームが1面でき5番線と6番線となった。写真は京成津田沼に到着する新京成300形であるが、この京成津田沼〜新津田沼の線路は1987年まで京成電鉄が保有していた。◎京成津田沼　1974（昭和49）年9月13日　撮影：宇野 昭

更新工事が行われる前の300形は2扉でラッシュ時間帯などでは使いにくかった300形。1966年から1968年にかけて更新工事が行われ、車体は45形と同じ形状の全金属車となり、扉は3扉へを増やされた。また単車であったのもが2両1ユニットの固定編成とされ、全室片運転台となった。◎京成津田沼　1971（昭和46）年4月21日　撮影：宇野 昭

1965年には国鉄津田沼駅前の鉄道連隊跡地の一部にあった県立千葉工業高校が移転。そこへ新津田沼駅が移転するとなん
とか京成津田沼駅からの線路を繋ぐことができるため1968年5月14日に4代目新津田沼駅が開業した。これにより藤崎台
駅を通る短絡ルートは廃止となり、駅も廃止された。◎新津田沼　1962（昭和37）年5月13日　撮影：荻原二郎

1959年8月には都営浅草線との直通運転に備えて馬車軌の1372mmから1435mmの標準軌に改軌する京成線に先立ち、改
軌作業の練習台も兼ねて新京成線の改軌が行われた。改軌後、数ヶ月は京成側は1372mmであり、新津田沼にある津田
沼第二工場へ出入りする必要があることから、京成津田沼～新津田沼は1372mmと1435mmの両軌間の車両が通過するため暫定
的に4線軌となっていた。◎新津田沼　1959（昭和34）年10月18日　撮影：荻原二郎

北総鉄道線

北初富～小室を第一期線として1979年に先行開業していた北総開発鉄道であったが、第二期線として京成高砂～新鎌ヶ谷間を1983年に着工し、1991年3月31日に開業し全通した。これと同時に京成電鉄押上線、都営浅草線、京浜急行電鉄本線と相互直通運転を開始し、ようやく都心直通が実現した。これにより松戸経由の迂回通勤・通学を解消することができた他、列車本数も大幅に増えた。
◎大町
1991（平成3）年3月31日
撮影：荻原二郎

2面4線のホームや高架橋などが1979年の開業時から用意されていた新鎌ヶ谷信号場であったが、山側のホームに上下線の線路が敷かれ、列車は通過するのみであった。10年以上経った1991年にようやくその1面2線が駅施設として使用を開始された。しかし海側のホーム1面はしばらく留置線として使われるのみであったが、2007年に共用を開始し、2010年にようやく2面4線全てが使用開始された。
◎新鎌ヶ谷（開業前）
1979（昭和54）年3月8日
撮影：宇野 昭

新鎌ヶ谷駅は北総開発鉄道全通の1991年3月31日に信号場から駅へ昇格し開業した。駅付近には新京成線が並走し、東武鉄道野田線が交差するように通っているが、長らく駅はなく北総線も北初富～小室開業時にホームなどの駅施設を作っていたが、10年以上駅は設置されていなかった。
◎新鎌ヶ谷
1991（平成3）年3月31日
撮影：荻原二郎

7000形の前面形状は1960年代のフランス国鉄の電気機関車で見られたデザインでヨーロッパの車両を彷彿とさせる独特なΣ形をした前面形状で、「げんこつ電車」の名で親しまれた。この形状は雪やゴミが付着しないように前面窓を傾斜させ、運転席下方視界を確保したものだった。
◎西白井検車区
1979（昭和54）年3月4日
撮影：宇野 昭

1931年に10両が製造された京成200形は1965年から1966年にかけて更新工事が行われた。新京成には1976年から1978年を譲り受けた。この際には500形や2000形なども同時に入線しており、混結で6両編成で運用された。
◎西白井
1979（昭和54）年3月4日
撮影：宇野 昭

北総開発鉄道第一期線は1974年12月に起工式が行われ、1979年3月の千葉ニュータウン街開きに合わせるために工事がなされ、1979年3月8日には竣工開業式が小室駅で行われた。この時7000形には開業を記念したヘッドマークが取り付けられており、11時30分に北初富方面に向けて発車していった。（右側の写真参照）
◎小室　1979（昭和54）年3月8日　撮影：宇野 昭

千葉ニュータウンへのアクセス路線として都営浅草線から延びる形で京成高砂から小室までの鉄道敷設免許を持っていた北総開発鉄道であったが、全線を同時に開業することができないと判断し、分割開業することとなった。千葉ニュータウンへの鉄道輸送を優先するため1979年3月に第一期線として北初富駅〜小室駅までを先行して開業させた。
◎小室　1979（昭和54）年3月8日　撮影：宇野 昭

『習志野市史』に登場する京成電鉄 （市史より抜粋）

千葉線の延長請願

　京成電気軌道の電車営業は、明治45（1912）年4月に金町の二葉喜太郎が経営する帝釈人車鉄道（明治33年5月設立）の施設・営業権を1万7000円で買収して始められた。京成電気軌道はその後第1期線（押上・市川間）を大正1年11月3日に開業し、大正5（1916）年12月には船橋までの延長線を開業した。こうして京成電気軌道の路線が伸長していくなかで、沿線住民は大正6年12月、船橋から千葉までの路線延長を内閣総理大臣及び内務大臣に嘆願した。

（中略）

　船橋以東は、明治末期から大正初年にかけて人口の著しい増加が見られ、交通機関の充実が大きな問題となっていた。すでに鉄道院線（現JR総武線）が開通しているので、これ以上の平行線は必要ないという意見もあったが、沿線住民はそうした意見に対して、院線は蒸気鉄道であり、電気鉄道とは自らその役割を異にすると主張した。すなわち、蒸気鉄道は長距離の旅客・貨物の輸送を目的とするのに対して、電気鉄道は短距離の旅客輸送に重点を置くものであった。こうして、沿道住民は京成電気軌道の特許請願が速やかに特許されることを熱望していたのである。

千葉線の総武線への影響

　京成電気軌道千葉線の開通は、院線総武線に大きな影響を及ぼすものと考えられるが、この点については鉄道院運輸局の興味深い調査報告がある。運輸局は、大正7（1918）年に京成電気軌道船橋・千葉間の延長線が総武線にどのような影響を及ぼすかについて一定の調査を試み、「京成電気鉄道線船橋千葉間延長ニ伴フ影響予想」を作成した。運輸局によるこの「影響予想」は「推論的観察」と「数字的観察」からなり、「推論的観察」では、「地理上ノ関係」「運転時間の遅速」「運賃の高下」「運転回数の多寡」などにわたって詳細な検討が試みられている。そこには、非常に興味深いものがあるのでやや詳しく紹介することにしよう。

　まず「地理上ノ関係」では、社線（京成電気軌道線）の方が院線（総武線）よりもはるかにまさっている。というのは、社線は院線よりも沿線各町（検見川・幕張・津田沼・千葉）及び稲毛海岸海水浴場などに接近しているからである。「運転時間の遅速」では、社線の押上・船橋間（12哩）の所要時間は40分、院線の両国・船橋間の所要時間は32分ないし40分でいずれも遜色はない。また、社線の船橋以北千葉までの延長線（10哩）の所要時間も30分前後と予想されるので、社線押上・千葉間の所要時間は、院線両国・千葉間の所要時間57分ないし1時間10分と「殆ント同一」であった。

　次いで、「運賃ノ高下」においても社線と院線との間にはほとんど優劣が認められない。というのは、社線押上・千葉間の運賃と院線両国橋・千葉間は平行線で距離もほとんど変わらないので、むしろ運賃は「無益ナル運賃競争ノ防止上同一額」に設定されるものと思われるからである。ただ、船橋・千葉間においては社線は市街地に沿い、海水浴場にも近接しているという地理上の優位があるので、あるいは院線よりも運賃を引き上げることがあるかもしれない。しかし、運賃の設定に関しては「社線当事者ノ自由裁量ニ一任スヘキ性質ノモノ」であるから、その運賃額が「利用者ニ対シテ負担ノ当ヲ失セサル限リ監督官庁ノ干渉スヘカラサルモノ」と認識されていた。

　「運転回数の多寡」では社線と院線の運行回数が比較されている。すなわち、社線押上・船橋間は現在15分間隔で1時間に4回の運転をし、1日の運転回数は午前5時30分の始発から午後11時の終発まで約70回である。これに対して、院線両国橋・千葉間は30分ないし1時間30分の間隔で、1日に23回の運転をしているが、「此関係ハ社線新線延長ノ暁ニ於テモ大ナル変化ヲ来スコトナカルヘシ」と考えられる。しかし、もともと「軌道ハ運転回数ノ多キヲ以テ其ノ特徴トシ鉄道ハ高速度及設備ノ完全ヲ以テ其ノ長所トスル」ので、社線と院線が平行する区間では「短区間乗客ハ多ク軌道ニ移リ比較的長距離乗客ハ鉄道列車ヲ利用スルヲ通例トス」るものと思われる。

（中略）

　すなわち、京成電気軌道千葉線と平行している総武線船橋・千葉間の各駅相互間の乗客は大部分が京成線に吸収される。しかし、東京・千葉間の最長距離の乗客は依然総武線を利用するものが多いと推測される。なぜなら、東京・千葉間の乗客の大部分は商取引を目的とするものであるから、東京の片隅に位置する押上よりも東京の経済的中心に近接する両国橋や錦糸町で乗降するほうが便利であるからである。

鉄道院運輸局の調査結果

　運輸局の調査はほぼ以上のように推論した上

で、院線の収入の減少額を算出している。まず、（1）新線区間すなわち船橋・千葉間は「極端ナル影響」を蒙り、それ以外は軽微な影響を受けるのみであるとの仮定の下に、院線の収入の減少額が算出されている。それによれば、船橋・千葉間は最近1年間の人哩200万人哩の平均68％（136万人哩）の減少が見込まれ、両国橋・船橋間は同じく最近1年間の人哩1370人哩の16％（219万人哩）の減少が見込まれていた。したがって、この方法によれば、院線両国橋・千葉間は、合計355万人哩の減少を示すことになるが、それを収入金額で見ると1人哩平均1銭3厘8毛であるから総額4万8990円の減少ということになる。次に、（2）全線を通じて「総括的ニ推定スル方法」で算出すると、前述のように船橋・千葉間の各駅相互人哩200万人哩及びその他の区間の人哩1370万人哩、合計1570万人哩のうち船橋まで延長の影響を39.7％（623万3000人）の減少と見込まれ、1人哩平均の運賃は1銭3厘8毛であるから院線の収入金額の減少は合計8万6000余円となる。

運輸局の調査はほぼ以上のようであるが、（1）の計算では「自然増収ヲ加味セサル」ためやや過少に計算されているきらいがある。また、（2）の方法も東京・千葉間の長距離が開通した場合には、船橋まで開通した当時の減少率を緩和する必要があるように思われる。したがって、実際の院線の収入の減少額は、両者の結果を折衷して6万7500円前後と推定されている（ただし、この6万7500円は手書きで8万4000円に修正されている）。

以上のような検討の結果、運輸局は京成電気軌道の設立申請に対して次のような結論を出した。

（中略）

すなわち、京成電気軌道千葉線の延長によって院線総武線がこうむる収入の減少額は1ヵ年約7万円となる。これは通過旅客を除いたこの区間の発着総収入のほぼ3割に相当し、決して少ないとはいえない。しかし、この区間は東京に接近しているので、将来交通の密度がますます濃くなることが予想される。したがって、院線の収入が多少減少しようとも、同線の補助機関として京成電軌千葉線の敷設を認可しておくべきである。以上が、鉄道院運輸局の調査の概要であった。

これに対して、鉄道院監督局長の佐竹三吾は京成電軌千葉線の院線総武線に対する影響は運輸局の調査よりもはるかに大きいと批判して、「京成電気軌道延長線船橋千葉間開通後ニ於ケル院線ニ及ホス影響ニ関シ運輸局調査ノ内容ニ対スル異議」を提出する。それによれば、運輸局は東京・

千葉間を長距離であるので電車の利用はないとしているが、これはいささか早見であるといわざるを得ない。また、両国を東京市の中心であるとし、押上は片隅としているが、押上は必ずしも片隅とはいえない。このように述べて、佐竹は院線の減収は23万余円におよぶというのである。ただし、佐竹もこれをもって千葉線の敷設を否定するのではなく、結論としては京成電気軌道の敷設申請を特許することに賛成している。

ところで、千葉線は大正9（1920）年7月に開通した。京成電気軌道は当然ながらそれによる増収を見込んでいた。しかし、ちょうど第1次大戦後の不況に重なりさほど増収を実現できなかった。同社の『事業報告書』（第26期、大正10年5月）は、この点について「昨年7月千葉線ノ開通以来収入ノ激増ヲ予想セルモ一般財界ノ沈衰ハ乗客ノ増加率ヲ牽制シ春季ノ遊覧季節ニ於テモ著シキ雑踏ヲ見サリシカ、之レ独リ当社ノミノ事ニアラス郊外鉄道孰レモ同一ノ状態ニアルモノノ如シ」と述べていた。

成田線の敷設をめぐって

成田線は大正14（1925）年10月に着工された。成田線の路線は当初「津田沼海岸停留場より分岐し藤崎、大久保付近、田喜野井、薬円台、習志野原陸軍演習地を横断し新木戸、大和田を経て成田に至る各町村を貫通せんとするもの」とされていた。このように、京成電気軌道の成田線は習志野市域内を横断するとされていたが、この計画に対して津田沼町長、幕張町長（大越金五郎）、幕張町実籾区長（鴇田寛）らは、むしろ藤崎、大久保、実籾、高津新田、大和田を経過するようにすべきであるとした。というのは、計画線はおおむね農村であって、人口が少ないので乗客も期待できない。したがって、停留場の近辺の者は鉄道の敷設を賛成しても、沿道の多くの人々は有用な土地が収容されるとみて鉄道の敷設に反対することが予想されるのである。一方、請願線は、大久保に騎兵4個連隊及びその他の軍事施設があり、実籾にも陸軍廠舎材料廠糧抹廠があり、戸数も計画線沿線の数倍にあたる。さらに地方産業上に与える影響も大きく、線路が短縮されるため建設費も安くなるのである。

しかし、この「請願書」で最も注目されるのは、計画線が習志野原陸軍演習地を横断することの危険を強調していることである。もともと習志野原陸軍演習地は、帝都ならびにその近県に所在する各師団の歩、騎、砲、工、輜重、鉄道、電信、航空、

その他の各特殊部隊及び騎兵学校の演習地で、間断なく大部隊の実習・演習に使用されていた。特にこの頃には、帝都ならびにその近在の陸軍用地が改廃・縮小されたため、大部隊の演習に適するのは習志野演習地のみとなってしまった。こうした状況にもかかわらず、演習地を横断する線路を敷設すれば、乗客や乗務員が著しく危険な状態に置かれるだけでなく、一定時間の停車を余儀なくされるということも考えられる。また、衝突や脱線などの突発的な事故の危険性も増すことになる。以上のように述べて、沿線の住民は計画線の敷設をやめて請願書を敷設するよう主張したのである。

こうして、京成電気軌道の成田線の習志野市域内の敷設路線の選定にあたって、習志野演習地の存在が大きな問題となった。軍都習志野を象徴する陸軍関係施設の存在は、市民生活のレベルではやはり大きな障害であったといわなければならない。

成田線が計画されるまでにはほぼ次のような事情があった。京成電気軌道の営業線は、省線鉄道（総武線、鉄道院は大正9年5月に廃止され鉄道省が置かれたため、院線は省線と呼ばれるようになった）と並行していて、著しく不利な状況にあった。同社もこの点を認識して東京市内への乗入れを計画したが、市電がすでに開業していたりしていてとうていその実現は望めなかった。そこで、同社は津田沼から分岐して成田に至る成田線の敷設を計画したのであった。

成田線は延長21哩であったが、これは既開業路線の延長が24哩半であることを考えると、同社の営業成績にかなりの影響を及ぼすものであった。成田線は東京から成田への交通路としては確かに有利であった。現在のところ東京から成田に行くには、汽車で両国橋から千葉を経て成田に至る線と、日暮里から我孫子を経て成田に至る線とがある。成田線はこれらの線に対して約50分時間を短縮するので、東京から成田への参詣客や遊覧客を吸収することになる。また沿線の開発も進み、同線の開通は同社の営業線全体、とりわけ押上・津田沼間の収益の増加をもたらすことになった。

高津新田停留場の設置請願

成田線開通後の昭和3（1928）年12月、実籾の鴇田寛は高津新田停留場の設置を求めて、次のような内容の「陳情書」を京成電気軌道の社長本田貞次郎に提出した。

鴇田によれば、自分は京成電気軌道成田線の新設に際して、実籾はもちろん大久保や高津新田などの地区にわたって用地買収を斡旋してきた。高津新田地区の地主は、同地に停留場が必ず設置されるとみて京成電気軌道の申し出の値段で土地を売却した。しかし、当時は同地区の人口が少なく採算が採れないと判断され、信号場の設置をみることなく終った。しかし、その後幕張・大和田間の県道はほとんど完成し、また千葉・大和田間の旧郡道も千葉県会において県道に編入されることが議決され、「高津新田ハ四通八通ノ位置トナリ、其繁栄ハ期シテ待ツベク」という状況になった。そこで大礼の記念事業として、是非とも高津新田地区に信号場を設置してもらいたいというのである。

谷津遊園と谷津支線

大正14（1926）年6月、京成電気軌道は谷津海岸に約25万8000坪（85万3000平方メートル）の土地を買収して谷津遊園の造成に着手した。大正6年9月30日夜半の台風で谷津海岸の塩田や養魚場が大きな被害を受け、壊滅状態となったまま放置されていたので、京成電気軌道が買収して京成遊園地株式会社を設立（大正14年11月）し、そのうちの約30万平方メートルを利用して谷津海岸遊園（のちの谷津遊園）を開設したのであった。京成電気軌道は谷津遊園の経営に積極的で、同遊園を「庶民の庭」として育てるために日本勧業銀行の旧本館の建物を移築して「楽天府」と名付けて谷津遊園の名所とし、園内には演芸館や当時日本最大といわれた海水プールを作ったりした。

こうして、谷津遊園は潮干狩や海水浴が楽しめる遊園地として人気を集め、近隣や東京から多くの人々が来園するようになった。

（中略）

京成電気軌道は、昭和2（1927）年8月22日、谷津遊園への来遊客の便宜を図るために、大神宮下・谷津海岸間に花輪駅を新設し、花輪駅（現船橋競馬場前駅）から分岐して谷津遊園正門前までの谷津支線（1.2キロメートル）を開通させた。なお、この谷津支線は、谷津海岸停留場から谷津遊園までの道路が新設されたため、昭和9（1934）年3月22日に京成電軌から撤去認可申請が出され撤去されることになった。

しかし、谷津遊園の経営は必ずしも良好とはいえなかった。『ダイヤモンド』（昭和3年6月1日）は、谷津遊園の経営について次のように指摘していた。

尚ほ理解し難きは谷津遊園地費である。当社（京

成電気軌道……引用者）が昨年下期末迄に此処へ
投下した資本は、75万4000円となって居る。外
に引込線の建設費として18万円を投下して居るか
ら、結局谷津遊園地の為に93万円からの資金を投
じた訳になる。果たして真実これだけの資本をか
けて居るかどうか、可成り疑問の余地があるので
ある。例へば0.6哩足らずの引込線建設費が18万
円などは、どう見ても高過ぎる。併し乍ら、かゝる
疑ひは暫らく措くとしても、斯様な泥海を埋め立
てた砂原へ、100万円近くの資金を固定させるに
至っては、その経営の拙なるに驚かざるを得な
い。これを裏書するものは、その収益状態である。
今、これだけの投資額に対して、昨年どの程度の
収益を挙げたかを見るに、純益金は僅々1万5800
円であるから其収益率は1分7厘に過ぎないので
ある。電車会社の経営する遊園地なるものは、無
論、それに依って直接利益を挙げるが目的でない。
その主なる目的は旅客を誘致し、沿線の開発を図
るにある。併し、当社の遊園地設備が果たして如
上の目的を達して居るであろうか。達して居るも
のとしては、その収益が余りに過少である。

土地分譲と自動車事業

　京成電気軌道の経営は大正末期から昭和期にか
けて急速に多角化してくる。土地分譲もその一環
で、習志野市域周辺の土地分譲も活発に行われる
ようになった。土地分譲は土地の売却による収益
が見込まれるばかりでなく、土地購入者が沿線の
居住者となり電車を利用するという一挙両得の利
益が期待された。

　昭和10（1935）年、稲毛の京成電気軌道の社有
地が市川・海神台・稲毛・千葉海岸などのそれと
ともに売りに出された。この計画は適中し、「市川、
海神台、稲毛ノ如キハ発売後間モナク全部売尽」
くされた。また、谷津遊園に隣接する京成電気軌
道の所有地1万2000坪も「海浜別荘及住宅地」と
して売りに出されたが、これも「予想以上の好成
績ニテ発表後旬日ナラスシテ全部売買予約成立」
し、「1年を経ぬ中にモダンな新築家屋が激増し」
たのである。

　乗合自動車事業も兼営事業として見逃すことが
できない。京成電気軌道は昭和3（1928）年3月
の臨時株主総会において定款の変更を決議し、「自
動車ニ依ル一般運輸業」を兼業に加え、自動車事
業の経営に積極的に進出することを決定した。ま
ず、京成電気軌道線と平行して走る路線をもつ千
葉バス、東葛乗合自動車、両総自動車の3社を買
収し、昭和5年5月に資本金20万円で京成乗合自

動車会社を設立した。京成乗合自動車はその後も
京成電気軌道沿線の乗合自動車会社を買収してい
くが、同9年3月に京成電気軌道の直営となった。
　こうして、京成電気軌道は乗合自動車事業に対
しても積極的な経営を展開した。そして、昭和12
年1月には大和田・船橋間（14キロメートル）、大
和田・睦村間（7.2キロメートル）、谷津・実籾間（6.8
キロメートル）、木下・船橋間（8.5キロメートル）
などの営業路線をもつ習志野乗合自動車を買収し
習志野営業所を開設した。京成電気軌道はこのよ
うにして習志野線（船橋・木下間、津田沼・大和
田間）の営業を開始することになったが、習志野線
は予想以上の好成績を収めた。昭和12年上期の『事
業報告書』によれば、当期間の乗合自動車事業の
営業成績は、乗客数572万2635人、賃金収入42万
7179円であり、前期に比べて乗客数は52.3%、収
入においては51.4%の激増を示した。乗合自動車
事業の好調は、習志野線の営業開始の結果にほか
ならなかったのである。

『習志野市史』に登場する新京成電鉄 （市史より抜粋）

京成電鉄の旧演習線への着目

敗戦後、津田沼・松戸間（26.2キロメートル）の旧鉄道連隊の演習線は、レールや付帯設備が戦争で破壊されたり軍事目的のために撤去されたりして荒れ放題になっていた。しかし、鉄道敷だけは戦前の姿を残していたので、昭和21（1946）年になると、京成電鉄（京成電気軌道は、昭和20年6月に京成電気鉄道と社名を変更した。以下では京成電鉄と記す）はこの旧演習線を利用して新線を敷設しようという計画を立てた。

しかし、この演習線に対しては西武鉄道も強い関心を示していた。京成電鉄と西武鉄道はそれぞれに新線建設計画を作り、連合国軍最高司令部（GHQ）及び国に対してこの旧演習線の跡地の使用認可を申請したのである。GHQに申請したのは、占領下の当時この旧演習線の跡地を管理していたのがGHQであったからである。

京成電鉄と西武鉄道は旧演習線の使用をめぐって激しい申請合戦を展開した。その経緯についてはダイヤモンド社編『新京成電鉄－創立30周年記念』（昭和53年）に詳しいが、京成電鉄が社員として採用した旧陸軍鉄道練習部付中佐平野好紳の活躍、もともと京成電鉄と鉄道連隊は京成電鉄成田線の建設などを通じて密接な関係を築いていたことなどが有利に働いて、昭和31（1956）年3月、旧演習線の使用は京成電鉄に認可されることになった。

京成電鉄では、会社の総力をあげて新線建設に取り組むこととし、次のような計画を立てた。

1　旧鉄道連隊演習用地（津田沼・松戸間）を利用して、国鉄総武線及び常磐線を連絡する。
2　当面は津田沼・松戸間の単線開通をめざし、敷設工事は津田沼から松戸に向って行う。
3　車輛は、京成電鉄のものを使用する。
4　関係会社下総電鉄を新設して、経営に当たらせる。
5　下総電鉄の本社は、京成電鉄本社内に置く。

こうして、京成電鉄は千葉県西北部へ路線を延ばすことができたのである。沿線の戸数及び人口は戸数1万3956戸、人口6万7278人に及んでいる。京成電鉄によればこの地域は将来の発展が大いに期待でき、これまで国鉄線と競合する路線の多かった同社にとっては、経営の上からも重要な路線といえるのであった。

下総電鉄の設立計画

以上のようにして、昭和21年に津田沼・松戸間に地方鉄道を敷設して、一般客貨の輸送を営むという下総電鉄の計画が現れた。同鉄道は資本金1000万円の新設会社であるが、その大部分は京成電鉄が出資し、資材・技術・運営の全般にわたって支援をするとされていた。

津田沼町及び松戸市付近には陸軍部隊が所在し、相互間に軍用鉄道が敷設され軍事上の目的に利用されていた。戦後その一部は撤去されたが、ほとんどそのまま残っていた。軍事的な理由からの存在意義はなくなったが、その沿線には千葉県西北部の広大で肥沃な農村地帯が広がっていた。交通量もかなりあったが適当な交通手段がなかったため、この地方の住民は多大な不便を痛感していた。そこで、京成電鉄がこの軍用鉄道の線路設備を利用して地方鉄道を敷設し、同地帯の一般交通ならびに物資輸送の便を図ろうとしたのである。

東京鉄道局の「下総電鉄新設に関する調書」によれば、下総電鉄は省線津田沼駅付近を起点として、二宮町、船橋市北部、鎌ヶ谷村を経て松戸市東部より省線松戸駅に至る間に、薬円台、瀧不動、鎌ヶ谷、南初富、初富、五香、八柱霊園前の7駅が設置される予定になっていた。そして、その輸送量は旅客は8985人、2万8631人キロ、貨物（農産物・肥料・雑貨）は224.1トン・キロと予想されていた。なお、旅客輸送においては1日20往復の電車が、貨物輸送においては1日2往復の蒸気鉄道の運行が予定されており、線路は当面は単線（将来は複線を予定）とするとされていた。

下総電鉄が既設の鉄道に及ぼす影響としては、東武鉄道船橋線（柏・船橋間）にいかなる影響が見られるかという問題がある。というのは、下総鉄道は東武鉄道船橋線と鎌ヶ谷付近で交差し、東武鉄道鎌ヶ谷駅が鎌ヶ谷村の中心部からかなり離れているので、鎌ヶ谷村の乗降客の相当数が下総電鉄の新駅を利用するようになると考えられるからである。しかし、それでも東武鉄道船橋線全体としてみればそれほどの影響があるとは認められない。また、自動車運輸との競合という点では、京成電鉄の経営になる白井・船橋間の路線が1本あるのみであるから、これは特に問題とはならない。

路線の状況及び建設工事は次のように考えられていた。本線路の総延長は約26キロメートルであるが、津田沼・鎌ヶ谷間（9キロメートル）を第

１期工事、鎌ヶ谷・松戸間（17キロメートル）を第２期工事とし分割施行するものとされていた。現在、津田沼から高根木戸付近まで（起点より約６キロメートル）の軌条や枕木などは敷設当時のままであるが、ほかは全部撤去されている。しかし、路盤は少し補修を加えれば十分に使用できる。終点付近23.5キロメートルから松戸までの約2.5キロメートルは新設を要するが、民家などに支障をきたさないように山の裾を迂回させる計画である。橋梁は全線を通じて４ヵ所あるが、そのうちの３ヵ所は使用可能であり、残り１ヵ所も基礎があるので容易に建設できるものと思われる。

　要するに、軌道工事はおよそ70パーセントは既設の軌道敷の使用が可能であるから、主な土木工事は残り30パーセントと橋梁の新設１ヵ所ということになり、比較的容易に進めることができる。電車運転に要する電力は京成電鉄の津田沼変電所から融通を受けて操業を開始する。こうして、既設線を利用するため、下総電鉄の路線は平坦地を走るにもかかわらず多くの曲線を有することになった。

　建設資材の調達状況は、軌条のほかはおおむね調達の見込みがたっている。軌条は26キロメートルのうち約９キロメートル分は入手可能であるので、不足分は17キロメートルである。しかし、進駐軍が下総電鉄沿線の習志野実弾射撃場及び藤ヶ谷飛行場を使用していて、兵員・資材の輸送のために下総電鉄の敷設に深い関心を示し、不足資材の調達に特別の好意を寄せている。また、連合軍最高司令官宛にも申請書を提出しているので不足資材の入手難は相当緩和されるであろう。客車は京成電鉄から電車５輌を改造のうえ借入使用する。貨車については小湊鉄道から機関車２輌及び貨車３輌を借入使用する。

　以上のような事情から、下総電鉄の建設費総額は1000万円（１キロメートル当たり平均38万5000円）と、かなり低額に見込まれることになった。また、下総鉄道の収支予想についてみると、収入160万1620円（旅客収入155万6360円、貨物収入３万7960円、雑収入7300円）、支出123万471円で、差引利益37万1149円と算出されている。したがって、営業係数は76.8、対建設費利益率は3.7パーセントで、旅客輸送を主体とする鉄道経営が見込まれていた。

　こうして、東京鉄道局は下総電鉄について詳細な調査を実施し、同鉄道の申請を免許することを可とすると結論した。

新京成電鉄の創立

　京成電鉄が計画した新会社は当初下総電鉄と称されていたが、昭和21年10月18日に京成電鉄本社（東京都台東区五条町３番地）で開催された創立総会の席上で社名を新京成電鉄株式会社と変更した。資本金は1000万円（払込資本金500万円）、本店は京成電鉄の本社内に置かれた。初代の取締役社長には京成電鉄の取締役社長であった吉田秀弥が就任した。吉田は発起人代表でもあった。また、専務取締役には井出彦市郎、取締役は大山秀雄、坂斉梅三郎、神沢音八郎、佐藤石蔵、福田郁次郎、監査役には林磯吉、川崎千春がそれぞれ就任した、こうして新京成電鉄が発足したのである。

建設工事の開始

　新京成電鉄は昭和21年10月23日に設立登記を完了し、直ちに建設工事に着手した。路線建設に着工するにあたって新京成電鉄が直面した困難は人材の確保と建設資材の調達であった。幸い人材の面では少数とはいえ、建設工事にかかわったことのある経験豊富で優秀な従業員を抱えていた。しかし、建設資材の調達は敗戦からまだ１年しかたってなく、社会は混乱のなかにあったからはなはだ困難であった。

　建設資材の多くは中古品で賄われた。旧演習線の軌道は戦時中に軍事目的から一部が強制撤去されており、さらに戦後になってからも一部が西武鉄道に払下げられていたため、利用できる軌道はほんのわずかしか残されていなかった。そこで、新京成電鉄は鉄道資材を確保するために旧軍用線に着目して関東一円を駆け回った。例えば、栃木県の宝積寺にあった氷室飛行場で使われていた軍用線の資材を入手したりしたのである。

　車輌は京成電鉄から購入した。しかし、当時京成電鉄では期間1372ミリの軌道を使用していたが、新京成電鉄では国鉄線との連絡輸送を図るために1067ミリの軌道を使用していたので、京成電鉄の車輌を購入しても1067ミリに改修しなければならなかった。貨車は国鉄から２輌払下げを受けた。

　こうして、様々な困難を乗り越えて、新京成電鉄では昭和22年１月に建設工事が着工されたのであった。建設工事は津田沼から松戸に向けて開始され、当面は初富までの完成をめざして新津田沼駅・薬園台駅間2.5キロメートルが着工された。

新津田沼・薬園台間の開業

　新京成電鉄は昭和22年12月21日、新津田沼駅から薬園台駅まで2.5キロメートルの路線建設を完

成させた。建設工事に着手してからほぼ１年後であった。営業が開始されたのはそれから６日後の27日であった。運輸省の監査が終了してからＧＨＱのクレームがついたからであった。ＧＨＱは当時原則として地方鉄道の新線建設は抑制する方針を採っていた。

しかし、新京成電鉄のこの路線は千葉県西北部の住民にとっては貴重な交通手段となるものであったのでＧＨＱもその必要性を認め、昭和22年12月27日に開業した。開業当初の新京成電鉄は東京や千葉方面に向う野菜の行商人でいっぱいとなった。行商人の多くは沿線の農家の婦人たちであったが、彼女らは野菜籠を座席に置き、自分は立っているというふうであった。また、東京・千葉・船橋方面からの買出客も多かった。沿線には野菜畑が連なり、米・麦・甘藷・馬鈴薯・蔬菜などの農産物が生産されていた。沿線は格好の食料補給地であったのである。こうして当時の人々はこの京成電車を「いも電車」あるいは「行商電車」などと呼んだ。

新津田沼・薬園台間の所要時間は約５分で、１日43往復の運転がなされた。その後、新京成電鉄は昭和23（1948）年８月に薬園台駅・瀧不動駅間4.1キロメートルを建設し、同24年１月には鎌ヶ谷大仏駅、同年10月には初富駅まで開通した。路線延長とともに習志野駅（昭和23年10月）、高根木戸駅（昭和23年10月）、前原駅（昭和23年12月）、二和向台駅（昭和24年３月）など新駅も続々と誕生した。

新京成新津田沼駅・京成津田沼駅間の路線建設

昭和28年、新京成電鉄は京成電鉄との相互乗入れを図る計画を立てた。すなわち、新京成電鉄の新津田沼駅と京成電鉄の京成津田沼駅とを結ぼうというのである。この路線建設については地元住民の多くが望むところで、地元代表者である津田沼町助役は用地の買収などには全面的に協力すると表明していた。

この計画に対して、東京陸運局は一定の調査を試み意見書を作成している。昭和28（1953）年７月17日に運輸大臣に提出された東京陸運局長の「調査書および意見書」は、新津田沼駅・京成津田沼駅間の鉄道敷設に関して、その「事実の成否」「事業の効用」などについて触れながら、次のような「意見」をまとめている。

既設線は昭和22年開業以来沿線年々開発されつゝあるが、他の鉄道に直通連絡できないためその促進を著しく阻まれている。今回この隘路を打開するため、既設線の軌間を変更し、京成津田沼において京成電鉄と直通連絡して利用者の便益を増進し、既設線の開発に寄与しようとするもので極めて有意義のものと思料される。

新京成電鉄は、京成電鉄との間に京成津田沼で相互乗入れを実現すれば、東京及び千葉方面への通勤・通学者の利便を大いに高め、既設線の乗客を増やすとともに沿線の開発をも促進すると考えたのである。乗継客の状況調査を示すと合計68万9000人の乗継乗車をする乗客があったが、さらに６万8000人程度の利用者増が見込まれるとされていた。そして、収入は旅客収入261万9302円、雑収入５万2386円、小計267万1688円で、さらに培養収入83万3414円が加えられて合計250万5102円と見込まれていた。営業費は294万5400円、建設費は1385万円とされ、建設費はすべて借入金で賄われることになっていた。

新京成と京成との相互乗入れを実現するには、まず改軌工事から始めなければならなかった。改軌工事は昭和28年10月11日に開始された。工事は藤崎台・初富間11.7キロメートルを４区間に分割して行われ、11月１日に初富駅から京成津田沼駅へ向けて電車が発車し、新京成電鉄と京成電鉄との相互乗入れが実現した。なお、昭和30（1955）年４月に初富・松戸間13.3キロも竣工し、ここに京成津田沼・松戸間26.2キロの全線が開通するに至った。昭和21年10月の着工以来実に10年近い歳月が経っていた。

前原・新津田沼駅間の路線延長計画

以上のようにして全線を開通した新京成電鉄は、起点の京成津田沼では京成電鉄と、そして終点の松戸では国鉄常磐線との連絡を実現したが、津田沼での国鉄線との連絡は実現していなかった。そのため、昭和32（1957）年４月17日、沿線の居住者から次のような「新津田沼駅の位置について」という要望書が新京成電鉄社長北條一郎宛に出された。

私達沿線居住者は、悪条件下にもかかわらず郊外開発のため努力を傾注しておられる貴社に対して、常日頃から、感謝し尊敬し、且つ親愛の情を抱いております。

ところで、現在の新津田沼駅は国電の津田沼駅からあまりにもはなれすぎているように思われます。重荷を負うた老婆は途中で幾度か立止り、幼児の手を引く母親は途方に暮れ、通勤、通学者は息も絶えなん許りに駈け続けるというのが現状であります。

貴社が英断をもって可及的速やかにこの状態を改善して下されば貴社に対する利用者の感謝と親愛の情はいや増し、ひいては貴社にとっても何分の余慶があろうかと存じます。

　別紙をもって2,312人の連署を添え、理解ある御処置を切にお願いするものであります。

　こうした沿線住民の要望を受けて新京成電鉄は、昭和32（1957）年6月25日、前原停留場（船橋市前原町3丁目744-3）から国鉄津田沼駅付近（習志野市津田沼1丁目1927-2）までの延長線（1.25キロメートル）の敷設を申請した。

（中略）

　これに対して、東京陸運局長はこの線の完成によって既設の新津田沼駅は500メートルほど国鉄津田沼駅に近接するので、新京成電鉄と国鉄線との連絡客には大きな利便を与えることになると判断した。また、住宅公団によって計画が進められている高根木戸団地（既設線高根木戸駅付近）が完成すると、その重要性はますます高まると考えられた。こうして、新津田沼駅・前原駅間の工事施行は昭和35年4月14日に認可された。

　同線の敷設工事は、昭和36年8月14日に仮設工事の認可を受け、8月23日に竣工し、直ちに営業運転が開始された。すでに従来の新津田沼駅は藤崎台駅と名称変更（7月1日）しており、新設の新津田沼駅は装いを新たにして創業時の位置に復活することになった。したがって、これによって前原駅から藤崎台駅（旧新津田沼駅）を経由して京成津田沼駅に至る線と、前原駅から新設の新津田沼駅を経て国鉄総武線津田沼駅に至る2系統の線が運行されるようになったのである。

新津田沼駅の移転

　昭和40（1965）年のはじめ、千葉県から新京成電鉄に対して県立千葉工業高校は移転することになったので、その跡地1万7206（5万6880平方メートル）坪を購入しないかとの話が持ち込まれた。そこは、国鉄総武線に沿った平坦地で、新京成電鉄の新津田沼駅と藤崎台駅のほぼ中間に位置しており、国鉄総武線津田沼駅からわずか300メートルしか離れていなかった。

　すでに述べたように、当時新京成電鉄では前原駅から新津田沼に至る線と、前原駅から京成津田沼駅に至る線との2系統の路線があった。そのため、ダイヤが著しく複雑となり、新津田沼駅や京成津田沼駅での乗換えは著しく不便であった。そのため、新京成電鉄ではこの2系統の路線を1系統に統合し、新津田沼駅をこの学校敷地に移転し、ここを経由して京成津田沼に至る路線に一本化した。工業高校の跡地は昭和40年12月に取得され、同時に大蔵省から隣接地619坪（2045平方メートル）の払下げを受けた。また、42年8月には、旧大栄車輌の工場敷地（1423坪）の買収にかかった。しかし、地価が高くなったため用地の買収がなかなか進まず、取得できたのは昭和42（1967）年8月のことであった。買収資金総額は約12億円であった。

　ところで、もともと前原・新津田沼間は複線として工事施行の認可を受けていた。しかし、複線工事は高根木戸団地の建設が予定よりも遅れていること、用地買収にかかわる千葉工業高校の移転が遅れたこともあって、たびたび敷設工事の延期願いが出された。例えば、昭和41年3月29日には、新津田沼・前原間の敷設工事竣工期限を同42年3月31日まで延期したいとの申請がなされているが、その理由は次のように説明されていた。

　現在前原・新津田沼間は仮設工事にて単線営業中でありまして京成線利用者は前原駅にて乗換えとなり非常に不便を掛けて居ましてこの問題を如何に解決すべきか永年の懸案になっておりましたが、たまたま千葉工業高校の移転の問題がありましたのでその敷地の払下げ交渉中でありましたが、本年3月払下げ問題が解決し昭和42年3月千葉市に移転することに決定致しましたので新津田沼・京成津田沼間の直通運転が可能となり、京成線利用者の不便が解消致す事になりました。

　以上の経過に基き千葉工業高校の敷地を利用し現在の新津田沼駅を約200米京成津田沼側に移動し新津田沼・京成津田沼間の直通運転の認可申請書を提出すべく準備中で、それと同時に前原・新津田沼間の仮設工事を本工事（単線）に変更し前原・京成津田沼間の認可申請書にて複線計画を織込み現在の藤崎台・前原間の路線を廃止致す予定でありますので昭和42年3月31日迄期限延長を申請致した次第であります。

　こうして、ようやく新津田沼・前原間の敷設工事が竣工するかに見えたが、実際にはここで示された予定期限も守られず竣工したのは昭和43（1968）年5月であった。前原・京成津田沼間の路線変更工事及び新津田沼駅の移転工事が完成すると、藤崎台停車場の廃止届が出された。新京成電鉄は前原・新津田沼・京成津田沼間の直通運転を実施するが、新設の新津田沼停車場が藤崎台停車場と至近距離にあるので、藤崎台停車場は廃止してもさしたる不便は生じないというのがその理由であった。

山内ひろき（やまのうちひろき）

1990年（平成2年）東京都生まれ。近所に貨物駅などがあり鉄道に多く触れ合う環境で育ってしまい根っからの鉄道好きとなった。現在は会社員の傍ら、鉄道関係書籍などの原稿を執筆している。

【参考文献】
・鉄道ピクトリアル　電気車研究会
・鉄道ファン　交友社
・京成の駅　今昔・昭和の面影　JTBパブリッシング
・千葉ニュータウンオフィシャルガイド（独立行政法人 都市再生機構）
・北総鉄道50年史
・RMライブラリー　ネコ・パブリッシング
・鉄道ダイヤ情報　弘済出版社
・AE形パンフレット　京成電鉄
・AE100形パンフレット　京成電鉄

【執筆協力者】
鈴木 碧

1600形には1954年に日本初のテレビカーとしてテレビが設置され、京成上野～京成千葉で納涼電車としても運転されプロレス中継などが放送された。また車内は私鉄初の回転式簡易リクライニングシートのロマンスシートを装備している。またクハ1602号車の車端部にはトイレがついており、中間のモハ1603号車には売店が設置されていた。
◎1600形の車内
1960（昭和35）年3月26日
撮影：宇野 昭

京成電鉄、新京成電鉄、北総鉄道
昭和～平成の記録

発行日‥‥‥‥‥‥‥‥‥2023年5月5日　第1刷　※定価はカバーに表示してあります。

著者‥‥‥‥‥‥‥‥‥山内ひろき

発行者‥‥‥‥‥‥‥‥春日俊一

発行所‥‥‥‥‥‥‥‥株式会社アルファベータブックス
　　　　　　　　　　〒102-0072　東京都千代田区飯田橋2-14-5 定谷ビル
　　　　　　　　　　TEL. 03-3239-1850　FAX.03-3239-1851
　　　　　　　　　　https://alphabetabooks.com/

編集協力‥‥‥‥‥‥‥株式会社フォト・パブリッシング

デザイン・DTP‥‥‥‥柏倉栄治

印刷・製本‥‥‥‥‥‥モリモト印刷株式会社